Coleção Segredos da Mente Milionária

AMOR, VIDA E TRABALHO

O que você tem feito para tornar seu dia a dia melhor?

ELBERT HUBBARD

Coleção Segredos da Mente Milionária

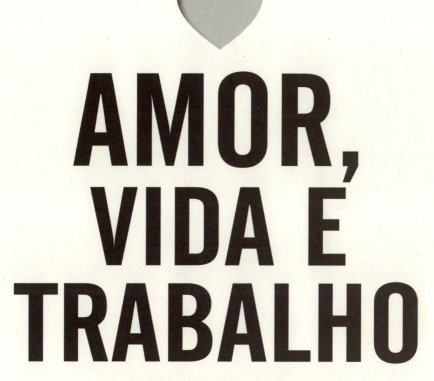

AMOR, VIDA E TRABALHO

O que você tem feito para tornar seu dia a dia melhor?

Tradução
Vânia Valente

Principis

Esta é uma publicação Principis, selo exclusivo da Ciranda Cultural
© 2021 Ciranda Cultural Editora e Distribuidora Ltda.

Traduzido do original em inglês
Love, life and work

Texto
Elbert Hubbard

Tradução
Vânia Valente

Preparação
Mirtes Ugeda Coscodai

Produção editorial
Ciranda Cultural

Revisão
Agnaldo Alves

Diagramação
Linea Editora

Design de capa
Ana Dobón

Dados Internacionais de Catalogação na Publicação (CIP) de acordo com ISBD

H875a   Hubbard, Elbert

Amor, vida e trabalho: O que você tem feito para tornar o seu dia a dia melhor? / Elbert Hubbard; traduzido por Vânia Valente. - Jandira, SP : Principis, 2021.
128 p. ; 15,50cm x 22,60cm. (Segredos da mente milionária)

Título original: Love, life and work
ISBN: 978-65-5552-574-8

1. Autoajuda. 2. Relacionamento. 3. Felicidade. 4. Sucesso. 5. Carreira. I. Valente, Vânia. II. Título.

CDD 158.1
CDU 159.92

2021-0042

Elaborado por Lucio Feitosa - CRB-8/8803

Índice para catálogo sistemático:
1. Autoajuda : 158.1
2. Autoajuda : 159.92

1ª edição em 2021
www.cirandacultural.com.br
Todos os direitos reservados.
Nenhuma parte desta publicação pode ser reproduzida, arquivada em sistema de busca ou transmitida por qualquer meio, seja ele eletrônico, fotocópia, gravação ou outros, sem prévia autorização do detentor dos direitos, e não pode circular encadernada ou encapada de maneira distinta daquela em que foi publicada, ou sem que as mesmas condições sejam impostas aos compradores subsequentes.

Sumário

Uma oração 7

Vida e expressão 8

Tempo e oportunidade 13

Psicologia de um avivamento religioso 16

Poder individual 30

Atitude mental 34

O intruso.. 38

Saia ou entre na linha...................................... 42

O dia da semana, mantenha-o sagrado 49

Amizades exclusivas 53

A insensatez de viver no futuro 58

O espírito do homem 60

Arte e religião.. 64

Iniciativa 70

A Garota Insolente 72

O neutro... 78

Reflexões sobre progresso 80

Simpatia, Conhecimento e Equilíbrio 87

Amor e Fé 90

Dar algo sem esperar nada em troca... 92

Trabalho e desperdício... 96

A lei da Obediência... 98

Salvadores da sociedade 100

Preparação para a velhice... 102

Uma aliança com a natureza... 107

A questão do ex.. 111

O sargento 117

O espírito da Era.. 121

O gramático.. 124

A melhor religião.. 127

Uma oração

A suprema prece do meu coração não é para ser culto, rico, famoso, poderoso ou bom, mas simplesmente ser radiante. Desejo irradiar saúde, alegria, calma, coragem e boa vontade. Desejo viver sem ódio, capricho, ciúme, inveja, medo. Desejo ser simples, honesto, franco, natural, limpo de mente e limpo de corpo, despretensioso, pronto para dizer "não sei", se assim for, e para lidar com todos os homens em igualdade absoluta, para enfrentar qualquer obstáculo e cada dificuldade sem embaraço e sem medo.

Desejo que os outros também vivam sua vida de maneira mais intensa, plena e melhor possível. Para esse fim, oro para que eu nunca me intrometa, interfira, ordene, dê conselhos indesejados ou preste apoio quando meu auxílio não for necessário. Se eu puder ajudar as pessoas, vou fazê-lo, dando-lhes a chance de se ajudarem; e se eu puder encorajar ou inspirar, que seja pelo exemplo, inferência e sugestão, em vez de injunção e imposição. Ou seja, desejo ser radiante, irradiar vida.

Vida e expressão

Pelo exercício de suas faculdades, o espírito cresce, assim como um músculo se fortalece com o uso contínuo. A expressão é necessária. Vida é expressão, e a repressão é estagnação, morte.

No entanto, pode haver expressão certa e errada. Se um homem permite que sua vida seja descontrolada e apenas o lado animal da sua natureza possa se expressar, ele está reprimindo o que há de mais elevado e melhor, e as qualidades não usadas se atrofiam e morrem.

* * *

Toda religião é composta de dois elementos que nunca se misturam, como óleo e água. A religião é uma mistura mecânica, e não uma combinação química de moralidade e dogma. Dogma é a ciência do oculto: a doutrina do desconhecido e incognoscível. E, para

AMOR, VIDA E TRABALHO

dar plausibilidade a essa ciência, seus promulgadores sempre se apegaram à moralidade. A moralidade pode e existe inteiramente à parte do dogma, mas o dogma é sempre um parasita da moralidade, e a função do pregador é confundir os dois.

Mas a moralidade e a religião nunca se misturam. Moralidade é simplesmente uma questão de expressar suas forças vitais; como usá-las? Você tem tanta energia; o que fará com isso? E sempre há na multidão homens que se aproximam de você e lhe dão conselhos em troca de algo. Sem a suposta influência deles sobre o oculto, podemos não aceitar sua interpretação do que é certo e errado. Mas com a garantia de que seu conselho é apoiado pela Divindade, seguido de uma oferta de recompensa se acreditarmos, e uma ameaça de punição terrível se não acreditarmos, a autoproclamada Classe Superior tem conduzido os homens para onde bem entendem. A evolução das religiões formais não é um processo complexo, e o fato de que incorporam essas duas coisas que não se misturam, dogma e moralidade, é uma verdade muito clara e simples, facilmente vista, indiscutível por todos os homens sensatos. E seja dito, a moralidade da maioria das religiões é boa. Amor, verdade, caridade, justiça e gentileza são ensinados em todas elas. Mas, como a regra na gramática grega, há muitas exceções. E assim, na moralidade das religiões, há exemplos excepcionais que surgem constantemente onde o amor, a verdade, a caridade, a gentileza e a justiça são dispensados por sugestão da Classe Superior, para que o bem prevaleça. Se não fossem por essas exceções, não haveria guerras entre as nações cristãs.

A questão de como expressar sua vida provavelmente nunca findará, visto que os homens variam em temperamento e inclinações. Alguns não têm capacidade para certos pecados da carne; outros há que, tendo perdido sua inclinação para a sensualidade por excesso de indulgência, tornam-se ascetas. No entanto, todos os sermões têm apenas um tema: como a vida deve ser expressa? Entre ascetismo e indulgência, oscilam os homens e as raças.

O ascetismo em nossos dias encontra uma manifestação interessante nos trapistas, que vivem no topo de uma montanha, quase inacessível, e se privam de quase todos os vestígios de conforto corporal, passando dias sem comer, vestindo trajes desconfortáveis, sofrendo frio severo; e se alguém dessa comunidade trapista olhar para o rosto de uma mulher, pensará estar em instantâneo perigo de condenação. Portanto, aqui encontramos o exemplo extremo de homens reprimindo as faculdades do corpo, a fim de que o espírito possa encontrar amplo tempo e oportunidade para o exercício.

Em algum lugar entre essa repressão extrema do monge e o descomedimento do sensualista, repousa a verdade. Exatamente onde está a grande questão: a ambição de uma pessoa, que pensa ter descoberto a norma, de obrigar todos os outros homens a limitar-se a ela levou a guerras e conflitos incalculáveis. Todas as leis concentram-se em torno deste ponto: o que os homens estão autorizados a fazer? E, então, encontramos estatutos para punir "atores de teatro itinerante", "violinistas", "perturbadores da ordem pública", "pessoas que dançam libertinamente", "blasfemadores". Na Inglaterra havia, no ano 1800, trinta e sete delitos que eram legalmente puníveis com a morte. Qual expressão é correta ou não, é simplesmente uma questão de opinião. Existe uma denominação religiosa que não permite o canto; a música instrumental tem sido para alguns uma rocha de ofensa, excitando o espírito, por meio do sentido da audição, a pensamentos impróprios "por meio do prazer lascivo do alaúde"; outros acham que dançar é perverso, enquanto

Amor, vida e trabalho

alguns permitem música de órgão de tubos, mas estabelecem o limite no violino; por outro lado, outros ainda usam uma orquestra inteira a seu serviço religioso.

Estranhas evoluções são frequentemente testemunhadas na vida de um indivíduo. Por exemplo, Liev Tolstói[1], um grande e bom homem, que já foi um sensualista, tornou-se asceta; uma evolução comum na vida dos santos. Mas, por mais excepcional que este homem seja, ainda há uma grave imperfeição em seu cosmos que, até certo ponto, corrompe a verdade que ele deseja ensinar: ele deixa o elemento da beleza fora de sua fórmula. Além de não se importar com a harmonia entre cores, formas e sons suaves, ele está totalmente disposto a negar todas as outras coisas que contribuem para seu bem-estar. Na maioria das almas há fome de beleza, assim como há fome física. A beleza fala a seus espíritos por meio dos sentidos; mas Tolstói transformaria sua casa em inóspita, à beira da privação. Minha veneração pelo conde Tolstói é profunda, no entanto, eu o menciono aqui para mostrar o grave perigo que existe em permitir que qualquer homem, mesmo o mais sábio deles, diga-nos o que é melhor. Nós próprios somos nossos melhores juízes. A maioria das terríveis crueldades infligidas aos homens no passado ocorreu simplesmente por uma diferença de opinião, que surgiu por uma diferença de temperamento. A questão está tão viva hoje quanto há dois mil anos; que expressão é a melhor? Ou seja, o que devemos fazer para sermos salvos? E o completo absurdo consiste em dizer que todos devemos agir da mesma maneira. Se a raça humana chegar ao ponto de estar disposta a deixar a expressão de vida para o indivíduo, é uma questão; mas o "milênio" nunca chegará até que os

---

[1] Liev Nikoláievitch Tolstói (1828-1910), escritor russo, autor de *Guerra e paz*. (N.T.)

homens coloquem um fim na tentativa de obrigar todos os outros a viver de acordo com um padrão.

A maioria das pessoas está ansiosa para fazer o que é melhor para si mesma e menos prejudicial para as outras. O homem comum agora tem inteligência suficiente: a Utopia não estará distante se o povo autoproclamado que nos governa e nos ensina por consideração apenas fizer aos outros o que gostaria que fizessem para si, isto é, cuidar da própria vida e parar de cobiçar coisas que pertencem a outras pessoas. Guerra entre nações e conflitos entre indivíduos são resultado do espírito cobiçoso de posses.

Um pouco mais de paciência, um pouco mais de caridade, um pouco mais de amor; com menos sujeição ao passado e o desprezo silencioso da autoridade hipócrita; um olhar corajoso para o futuro, com mais autoconfiança e mais fé em nossos semelhantes, e então a raça humana estará madura para uma grande explosão de vida e luz.

Tempo e oportunidade

Como o assunto é um tanto complexo, eu o explicarei. O primeiro ponto é que não há muita diferença na inteligência das pessoas afinal. O homem excepcional não é tão excepcional quanto as pessoas pensam, e o homem obtuso não é tão ignorante quanto parece. A diferença em nossas conjecturas sobre os homens reside no fato de que um indivíduo é capaz de colocar seus produtos na vitrine e o outro não está consciente de que tem uma vitrine ou algum produto.

"A alma conhece todas as coisas, e o conhecimento é apenas uma lembrança", diz Emerson.

Esta parece uma afirmação muito ampla; e, no entanto, permanece o fato de que a vasta maioria dos homens sabe mil vezes mais do que está ciente. Bem no fundo, nas profundezas silenciosas do inconsciente, encontram-se miríades de verdades, cada uma aguardando o momento em que seu dono a invocará. Para utilizar esses pensamentos armazenados, você deve expressá-los a outras pessoas; e para ser capaz de expressá-los bem, sua alma tem de acessar este reino inconsciente onde você armazenou esses resultados efetivos da sua experiência. Em outras palavras, você deve "se revelar", sair do seu eu, para longe da autoconsciência, para a região do esquecimento parcial, para além das fronteiras do tempo e das limitações do espaço. O grande pintor esquece tudo na presença de sua tela; o escritor está alheio ao que o cerca; a cantora flutua nas asas da melodia (e carrega o público com ela); o orador derrama sua alma por uma hora, e parece-lhe que apenas cinco minutos se passaram, de tão absorto que ele está em sua exaltação. Quando você atinge as alturas da sublimidade e está expressando o que tem de mais elevado e melhor, você está em uma condição de transe parcial. E todos os homens que entram nessa condição se surpreendem com a quantidade de conhecimento e a extensão do discernimento que possuem. E alguns, indo um pouco mais a fundo do que outros nesta condição de transe, e não tendo nenhum conhecimento do armazenamento milagroso da verdade nas células inconscientes, chegam à conclusão de que sua inteligência é guiada por um espírito que não é o deles. Quando alguém chega a essa conclusão, começa a ceder, pois confia nos mortos e deixa de alimentar as fontes de seu eu inconsciente.

A mente é dupla: objetiva e subjetiva. A mente objetiva vê tudo, ouve tudo, raciocina. A mente subjetiva armazena e só surge quando a mente objetiva dorme. E como poucos homens cultivam o estado concentrado, reflexivo ou de semitranse, onde repousa a mente objetiva, eles nunca invocam realmente seu tesouro inconsciente de suas reservas. Eles estão sempre conscientes.

Um homem no comércio, onde ataca sua própria espécie, deve estar ativo e alerta ao que está acontecendo, ou, enquanto sonha, seu competidor se apodera do seu direito inato. E então você entende por que os poetas são pobres e os artistas frequentemente mendigam.

E o resumo deste pequeno sermão é que todos os homens são igualmente ricos, mas apenas alguns, por destino, são capazes de reunir suas legiões mentais na planície de seu ser e contá-las, enquanto outros nunca são capazes de fazê-lo.

Mas o que é necessário para que uma pessoa possa ter plena posse de seus tesouros inconscientes? Bem, vou lhe dizer: não é conforto, nem prosperidade, nem amor correspondido, nem segurança mundana, nada disso.

"Você canta bem", disse o mestre, impacientemente, para seu melhor aluno, "mas você nunca cantará divinamente até que tenha dado tudo de si por amor, e então sido negligenciado, rejeitado, desprezado, espancado e deixado à morte. Então, se você realmente não morrer, você voltará, e quando o mundo ouvir sua voz, vai confundi-lo com um anjo e cair a seus pés."

E a moral é que, enquanto estiver satisfeito e confortável, você usará apenas a mente objetiva e viverá no mundo da razão. Mas deixe o amor ser arrancado de seu alcance e sumir como uma sombra, vivendo apenas como uma lembrança em um assombroso sentimento de perda; deixe a morte vir e o céu se fechar sobre a coisa menos valiosa no mundo; ou o estúpido mal-entendido e a derrota esmagadora transformá-lo em pó, então você poderá se levantar, esquecendo o tempo, o espaço, seu eu, e refugiar-se em mansões não construídas com as mãos, e encontrar uma triste e doce satisfação na contemplação dos tesouros guardados onde a traça e a ferrugem não corroem, e onde os ladrões não irrompem e roubam.

E, assim, olhando para a Eternidade, você se esquecerá inteiramente do presente e seguirá para a Terra do Inconsciente, a Terra do Espírito, onde ainda habitam os deuses dos tempos antigos e inocentes. Valerá a pena?

Psicologia de um avivamento religioso

Viajando por toda a Terra, de norte a sul, encontramos pessoas que promovem eventos de rua.

Que fique claro que um evento de rua ou *Mardi Gras* nunca é uma expressão espontânea do espírito carnavalesco por parte do povo da cidade. Esses festivais são um negócio, cuidadosamente planejado, bem divulgado e executado com muita perspicácia.

As pessoas que administram esses eventos de rua enviam agentes para fazer acordos com os comerciantes locais, e estes asseguram as autorizações legais necessárias.

Uma semana é reservada para o carnaval, muita publicidade é feita, os jornais, refletindo a vontade de muitos, dedicam páginas às maravilhas que vão acontecer. As apresentações acontecem – os anunciantes, os atores, os palhaços, os acrobatas, as garotas com suas roupas minúsculas, os cantores! As bandas tocam, o carnaval começa! O objetivo do evento é impulsionar os negócios da cidade. O objetivo dos gestores profissionais é ganhar dinheiro, e isso eles fazem com a garantia dos comerciantes, ou com um percentual sobre concessões, ou ambos.

Disseram-me que nenhuma cidade cujo negócio está absolutamente protegido e assegurado recorre a eventos de rua. Este acontece quando uma cidade rival parece receber mais do que sua parcela do comércio. Quando os negócios da cidade de Skaneateles se desviaram para Waterloo, ela organizou um evento de rua.

Saneamento, esgoto, bom abastecimento de água, escolas e ruas pavimentadas não são o resultado de jogar confete, tocar buzinas e dispensar a lei do toque de recolher.

Se o comércio é efetivamente sustentado por eventos de rua, ou se uma cidade recebe ajuda monetária para obter uma base financeira sólida do ministério do "Rei Momo", isso é um problema. Deixo a questão com os estudantes de economia política e passo para uma condição local que não é uma teoria. Os avivamentos religiosos recentemente realizados em várias partes do país são esquemas de negócios mais cuidadosamente planejados. Um certo J. Wilbur Chapman[2] e seu corpo de associados bem-treinados podem ser considerados indivíduos que criam entusiasmo religioso local como compensação.

Os avivamentos religiosos são administrados da mesma maneira que os eventos de rua. Se a religião está em declínio em sua cidade, você pode contratar Chapman, o avivalista, como eram conhecidos os frades pregadores, que pregavam o evangelho na língua do

---

[2] John Wilbur Chapman (1859-1918) foi um evangelista presbiteriano americano. (N.T.)

povo, da mesma forma que pode garantir os serviços de Farley, o fura-greve. Chapman e seus auxiliares vão de bairro a bairro, de cidade a cidade, e trabalham esse entusiasmo como um negócio. Eles recebem mil dólares por semana por seus serviços, ou o que conseguem obter com as arrecadações. Às vezes, eles trabalham com uma garantia e, em outras, com uma porcentagem ou tarifa de contingência, ou ambas.

Cidades especialmente carentes da assistência do senhor Chapman podem enviar circulares, termos e depoimentos. Nenhuma alma é salva, sem pagamento.

O elemento básico do avivamento é o hipnotismo. O esquema de provocar a hipnose, ou ofuscação do intelecto, tem levado gerações a se aperfeiçoarem cuidadosamente. O plano é primeiro deprimir o espírito ao ponto em que o sujeito seja incapaz de ter um pensamento independente. Música triste, voz monótona de pesar, apelos chorosos a Deus, gemidos desoladores, tudo misturado com exclamações piedosas, tendem a produzir um efeito aterrorizante sobre o ouvinte. O pensamento do desagrado de Deus é constantemente evocado, assim como a ideia de culpa, morte e tormento eterno. Se as vítimas forem levadas ao riso histérico ocasionalmente, o controle será mais bem promovido. Nenhuma chance é dada para o repouso, equilíbrio ou consideração sensata. Quando chega o momento propício, uma promessa geral de alegria é feita e o ritmo da música diminui. A voz do orador agora fala de triunfo, são oferecidas ofertas de perdão, e, então, a promessa de vida eterna.

A intenção final é colocar a vítima a seus pés e fazê-la se aproximar e reconhecer o ídolo. Feito isso, o convertido se sente entre companheiros acolhedores. Sua posição social melhora, as pessoas apertam sua mão e solicitamente perguntam sobre seu bem-estar. Recorrem à sua aprovação, sua posição agora é de importância. E, além disso, ele é levado a entender de muitas maneiras sutis que, assim como será condenado em outro mundo se não se submeter ao ídolo, também será condenado financeira e socialmente se não se filiar à Igreja. A intenção em cada comunidade cristã é de boicotar e tornar o pensador independente um pária social. O ídolo apresenta uma desculpa para os processos hipnóticos. Sem presumir um Deus pessoal que pode ser aplacado, a condenação eterna e a proposição de que se pode ganhar a vida eterna acreditando em um mito, não há motivo racional para explicar o sucesso das fórmulas hipnóticas absurdas.

Somos herdeiros do passado, do bem e do mal, e todos temos um toque de superstição, como uma contaminação sifilítica. Erradicar essa tirania do medo, sem retrair e contorcer nossa natureza, parece a única coisa desejável para mentes elevadas. Mas o avivalista, conhecendo a natureza humana, como todos os homens de fé conhecem, baseia-se em nossos medos supersticiosos e faz seu apelo à nossa cobiça, oferecendo-nos a absolvição e a vida eterna como compensação – para cobrir despesas. Enquanto os homens receberem honras e dinheiro, puderem usar boas roupas e ficarem imunes ao trabalho por pregar superstições, eles o farão. A esperança do mundo reside em reter os recursos dos piedosos mendicantes que procuram manter nossas mentes escravizadas.

Essa ideia de um tribunal divino carecido, onde você pode obter perdão pagando dez centavos de dólar, com a garantia de se tornar um indigente alado dos céus, não é atraente, exceto para o homem que está sendo aterrorizado. Os agenciadores abrem o caminho para os avivalistas, combinando detalhes com o clérigo ortodoxo local. Universalistas, Unitaristas, Cientistas Cristãos e Befaymillites[3] são todos cuidadosamente evitados. O objetivo é preencher completamente os bancos das igrejas protestantes ortodoxas – estas pagam os encargos, e ao soberano pertencem os espólios. A trama e o plano são de debandar os intelectuais incautos – crianças e adultos neuróticos – para dentro dos confinamentos da ortodoxia. O gorro e os sinos estão amplamente representados na seleta companhia de talentos germano-americanos de Chapman: o confete da estupidez é jogado sobre nós, esquivamo-nos, rimos, ouvimos e ninguém tem tempo de pensar, pesar, peneirar ou analisar. Há o estrondo da retórica, o estalo da confissão, o grito rebelde intercalado de triunfo, os gemidos de desespero, os gritos de vitória. Em seguida, vêm as canções de cantores pagos, o ressoar do órgão; levante-se e cante, ajoelhe-se e ore, súplica, condenação, miséria, lágrimas, ameaças, promessas, contentamento, felicidade, paraíso, glória eterna... decida agora, não perca nem um momento, ou você vai passar um longo tempo no inferno!

Todo esse alvoroço é um plano cuidadosamente preparado, elaborado por farsantes especialistas para confundir a razão, embaralhar o intelecto e fazer dos homens, babões.

Para quê?

Eu vou lhe dizer. Primeiro, para que o doutor Chapman e seus entusiastas profissionais possam acumular honras baratas, ser imunes a todo trabalho útil e engordar com o salário de quem trabalha. Segundo, para que as igrejas ortodoxas não invistam em oficinas e escolas, mas possam permanecer para sempre sendo o lar de uma superstição. Alguém poderia achar que a promessa de

---

[3] Seguidores do pregador evangelista americano Benjamin Fay Mills (1857-1916). (N.T.)

AMOR, VIDA E TRABALHO

isentar uma pessoa das consequências de suas próprias transgressões tornaria repugnantes os homens de intelecto nesse grupo de homens religiosos dissimulados, mas, sob seu feitiço hipnótico, a mente de muitos parece sofrer uma obsessão, e são pegos no turbilhão de sentimentos tolos, como o balconista de uma mercearia nas mãos de um mesmerista.

Em Northfield, Massachusetts, há uma faculdade na qual homens são ensinados e treinados, assim como homens são instruídos no Colégio Tonsorial, em cada fase desta agradável episcopografia.

Há um bom sujeito com o sugestivo nome de Sunday[4] que recebe o suborno religioso. Sunday é o daroês moderno, que agita o povo. Ele, Chapman e seus cúmplices evitam propositalmente qualquer vestígio do eclesiástico em seus trajes. Eles se vestem como menestréis: calças cuidadosamente vincadas, com duas correntes e um colete. Seus modos são livres e simples; sua atitude, familiar. A maneira como se dirigem ao Todo-Poderoso revela que sua reverência por Ele nasce da suposição de que Ele é muito parecido com eles.

A indelicadeza dos avivalistas que recentemente convocaram reuniões para orar por Fay Mills foi exposta em suas súplicas ardentes a Deus para que Ele fizesse Mills ser como eles. Fay Mills fala sobre a melhor maneira de viver esta vida aqui e agora. Ele não profetiza o que será de você se não aceitar sua crença, nem promete vida eterna como recompensa por pensar como ele. Ele percebe que não tem o arbítrio da vida eterna. Fay Mills está mais interessado em ter uma alma que valha a pena salvar do que em salvar uma alma que não vale. Chapman fala sobre almas perdidas como quem fala sobre botões de colarinho perdidos debaixo de uma escrivaninha,

---

[4] William Ashley Sunday (1862-1935) foi um atleta americano de beisebol que se tornou evangelista. (N.T.)

como se Deus alguma vez houvesse perdido alguma coisa, ou que nem todas as almas fossem de Deus, e, portanto, estivessem sempre sob Sua proteção.

O doutor Chapman deseja que todos os homens ajam e creiam da mesma forma, sem perceber que o progresso é o resultado da individualidade, e desde que um homem pense, esteja ele certo ou errado, está evoluindo. Ele também não percebe que pensar errado é melhor do que não pensar nada, e que a única condenação consiste em deixar de pensar e aceitar as conclusões do outro. Verdades finais e conclusões finais são totalmente inconcebíveis para as pessoas racionais em seus momentos sensatos, mas esses avivalistas desejam anunciar a verdade de todos os tempos e colocar seu selo de chumbo sobre ela.

Em Los Angeles, há um pregador chamado McIntyre, um tipo incontestável de Belarmino[5] (aquele que exilou Galileu), um homem que nunca duvida de sua própria infalibilidade, que conversa como um oráculo e continuamente fala da perdição para todos os que discordam dele.

Nem é preciso dizer que falta humor a McIntyre. Pessoalmente, prefiro os McGregors, mas em Los Angeles os McIntyres são populares. Foi McIntyre quem convocou uma reunião para orar por Fay Mills e, ao propor a reunião, McIntyre fez a descarada declaração de que nunca havia conhecido Mills, nem ouvido falar sobre ele ou lido um de seus livros.

Chapman e McIntyre representam o tipo moderno do farisaísmo (aquele em que há hipocrisia, que se comporta de maneira dissimulada), eloquente e retórico, para a Igreja, e estes são os homens que

---

[5] Robert Bellarmine (1542-1621) foi um cardeal italiano da Igreja Católica, canonizado santo em 1930. (N.T.)

AMOR, VIDA E TRABALHO

perpetuam a superstição. A superstição é a única infâmia, Voltaire estava certo. Fingir acreditar em algo contra o qual sua razão se revolta – entorpecer seu intelecto –, isso, se é que existe, é um pecado imperdoável. Esses *muftis*[6] pregam "o sangue de Jesus", o dogma de que o homem sem crença em milagres está eternamente perdido, e de que a vida eterna depende de reconhecer e aceitar isso, aquilo ou aquele outro. Autoconfiança, autocontrole e autorrespeito são as três coisas que fazem do homem um homem.

Mas o homem adquiriu tão recentemente essa habilidade de pensar que ainda não se acostumou a lidar com ela. A ferramenta é pesada em suas mãos. Ele tem medo dessa característica única que o diferencia dos animais inferiores, então ele abdica e entrega seu direito de nascença divino a uma associação. Essa associação chamada Igreja concorda em cuidar de suas dúvidas e medos e em pensar por ele, e, para ajudar no processo, ele deve assegurar que não está apto a pensar por si mesmo, o que seria um pecado. O homem, em seu estado bruto, tem mais ou menos a mesma atitude de um índio apache em relação a uma câmera: ele pensa que, ao ser fotografado, corpo e alma se dissociam e que ele vai definhar e desaparecer em um mês. Stanley relata que o tique-taque constante de um relógio fazia com que os mais bravos chefes do Congo suassem de um medo agonizante, e, ao descobrir isso, o explorador tinha apenas que sacar seu relógio Waterbury e ameaçar transformar todo o bando em crocodilos que imediatamente eles se ocupavam e cumpriam suas ordens. Stanley exibiu a verdadeira qualidade do avivamento em Northfield ao apostar na superstição de seus seguidores vacilantes e amedrontados.

---

[6] No Islamismo, jurista supremo a quem compete interpretar o Alcorão e emitir parecer em casos controversos. (N.T.)

O encontro de avivamento é uma orgia da alma, uma devassidão espiritual, passando do controle são e sensato para o erotismo. Nenhuma pessoa de inteligência normal pode se dar ao luxo de jogar as rédeas da razão no gargalo da emoção e participar de uma corrida de Tam o'Shanter até Bedlam[7]. Essa histeria de sentimentos desenfreados é a única blasfêmia, e se houvesse um Deus pessoal, Ele certamente ficaria entristecido ao ver que temos uma ideia tão absurda Dele, a ponto de imaginar que Ele ficaria satisfeito se nós descartássemos nosso dom divino da razão.

O avivalismo aumenta a voltagem, depois não faz uso da corrente, e o fio é aterrado. Deixe qualquer um desses avivalistas escrever seu sermão e imprimi-lo em um livro, nenhum homem sensato o leria sem o perigo de ter paresia. O livro careceria de síntese, desafiaria a análise, confundiria o cérebro e paralisaria a força de vontade. Não haveria bom senso suficiente para salvá-lo. Seria a última gota do lugar-comum, e provaria que o autor é um iniciante da literatura, um aprendiz das letras. As igrejas querem cadastrar membros, a situação é tão desesperadora que elas estão dispostas a obtê-los ao preço do respeito próprio. Portanto, que venham Sunday, Monday, Tuesday e Chapman, e atuem como Svengali[8] para a nossa Trilby. Esses cavalheiros usam os métodos e os truques do leiloeiro, as lisonjas do apostador, os modos polidos e harmoniosos do orador profissional.

Com essa trupe de bufões cristãos está o Chaeffer, um especialista com crianças. Ele tem encontros apenas para meninos e meninas,

---

[7] *Tam o' Shanter* é um poema narrativo do poeta escocês Robert Burns (1759-1796), publicado em 1791, com 228 (ou 224) versos. (N.T.)

[8] Svengali é um personagem, um hipnólogo mau caráter, do romance *Trilby* (1894), de George du Maurier (1834-1896). (N.T.)

AMOR, VIDA E TRABALHO

onde faz truques e caretas, conta histórias e faz seus pequenos ouvintes rirem, e, assim, tendo encontrado uma porta para seus corações, ele repentinamente inverte a alavanca e os faz chorar. Ele fala com esses pequenos inocentes sobre o pecado, a ira de Deus, a morte de Cristo, e oferece-lhes uma escolha entre vida eterna e morte eterna. Para a pessoa que conhece e ama as crianças – que estudou os modos gentis de Fröbel[9] –, essa excitação é extrema, uma verdadeira crueldade. Os nervos extenuados enfraquecem a vitalidade, todo excesso traz suas consequências, o pêndulo oscila tanto para um lado quanto para o outro.

Esses reverendos cavalheiros zurram aos ouvidos das criancinhas inocentes que elas nasceram em iniquidade, e em pecado suas mães as conceberam; que as almas de todas as crianças com mais de nove anos (por que nove?) estão perdidas, e a única maneira de ter esperança no Paraíso é por meio da crença na mistificação de um sangue bárbaro, que os homens inteligentes há muito descartaram. E tudo isso em nome do gentil Cristo, que tomou nos braços as criancinhas e disse: "Delas é o Reino dos Céus"[10].

Esta proposição pagã de nascer em pecado contamina a mente de uma criança e causa miséria, inquietação e sofrimento incomputáveis. Há alguns anos, estávamos nos parabenizando porque o diabo finalmente estava morto e as lágrimas de piedade haviam apagado o fogo do inferno, mas a serpente da superstição foi apenas ligeiramente ferida, não morreu.

A intenção do avivamento religioso é dupla: primeiro, a alegação de que a conversão faz com que os homens tenham uma vida

---

[9] Friedrich Fröbel (1782-1852), pedagogo alemão que lançou as bases para a educação moderna. (N.T.)

[10] O autor cita um trecho bíblico de Mateus 19:14. (N.T.)

melhor; segundo, salva suas almas da morte eterna ou do inferno eterno.

Fazer os homens levarem uma vida íntegra é excelente, mas nem o reverendo doutor Chapman, nem seus colegas, nem as denominações que eles representavam, admitirão por um instante que o fato de um homem levar uma vida íntegra salvará sua alma. Na verdade, o doutor Chapman, o doutor Torrey e o doutor Sunday, endossados pelo reverendo doutor McIntyre, alertam repetidamente seus ouvintes sobre o perigo de uma moralidade que não é acompanhada pela crença no "sangue de Jesus".

Portanto, a vida íntegra de que falam é a isca que esconde o anzol para os gobiões. Você tem que aceitar a superstição, ou sua vida íntegra para eles é uma chacota e uma zombaria.

Portanto, para eles, é vital a superstição, e não a conduta.

Se tal crença não é fanatismo, então li o *Dicionário Webster's Unabridged* em vão. A crença na superstição não torna o homem mais bondoso, mais gentil, mais útil para si mesmo ou para a sociedade. Ele pode ter todas as virtudes sem o ídolo, e pode ter o ídolo e todos os vícios ao mesmo tempo. A moralidade, simplesmente, não é sequer controlada pela religião, as estatísticas dos reformatórios e prisões provam essa verdade.

Fay Mills, de acordo com o reverendo doutor McIntyre, tem todas as virtudes: ele é indulgente, bondoso, gentil, modesto, prestativo. Mas Fay abandonou o ídolo, por isso McIntyre e Chapman apelaram ao público para orar por ele. Mills tinha as virtudes quando acreditava no ídolo, e agora que o rejeitou, ele ainda tem as virtudes, e num grau que nunca teve antes. Mesmo aqueles que se opõem a ele admitem isso, mas ainda assim declaram que ele está "perdido" para sempre.

AMOR, VIDA E TRABALHO

O reverendo doutor Chaeffer diz que existem dois tipos de hábitos: bons e maus.

Há também dois tipos de religião: boas e más. A religião da bondade, do otimismo, da solicitude e da dedicação é boa. E neste ponto não há desacordo: é admitida em todos os lugares por todos os graus de intelecto. Mas qualquer forma de religião que incorpore a crença em milagres e outras superstições bárbaras, como a necessidade de salvação, não é apenas ruim, mas muito ruim. E todos os homens, se deixados sozinhos por tempo suficiente para pensar, sabem que a salvação não depende da redenção da crença em milagres. Mas a intenção do doutor Chapman e de seus rudes cavaleiros teológicos é de debandar o rebanho e estabelecer uma confusão. Laçar os rebeldes e colocar sobre eles a marca McIntyre é então bastante fácil.

Quanto à reação e limpeza após o carnaval, nossos avivalistas não estão preocupados. Os confetes, balões caídos e cascas de amendoim são os ativos líquidos do avivamento, e estes são deixados para os gestores locais.

Avivamentos são para os avivalistas, e em alguma bela manhã, essas cidades avivalistas vão despertar, esfregar seus olhos sonolentos, e então Chapman será apenas um gosto ruim na boca; Sunday, Chaeffer, Torrey, Biederwolf e companhia, um sonho conturbado. Pregar a hagiologia para pessoas civilizadas é um lapso que Nêmesis[11] não vai ignorar. A América simboliza o século XX, e se em um momento de fraqueza ela voltar à exuberante insensatez da piedade frenética do século XVI, deverá repensar sobre esse retrocesso. Duas coisas o homem terá de fazer: primeiro, livrar-se da servidão de

---

[11] Deusa grega da vingança e da justiça. (N.T.)

outros homens; e segundo, libertar-se dos fantasmas de sua própria mente. De qualquer forma, em nenhum desses casos, o avivalista ajuda ou socorre. Efervescência não é caráter, e toda devassidão deve ser paga com vigor e autorrespeito.

Todas as religiões formais organizadas, por meio das quais promotores e administradores prosperam, são ruins, mas algumas são ainda piores. Quanto mais superstição uma religião tem, pior ela é. Normalmente, as religiões são feitas de moralidade e superstição. A superstição pura por si só já seria revoltante, e em nossos dias não atrairia ninguém, então, é introduzida a ideia de que moralidade e religião são inseparáveis. Sou contra os homens que fingem acreditar que a ética sem ídolo é vã e inútil.

Com os pregadores que predicam a beleza da verdade, honestidade e uma vida útil e prestativa, concordo de corpo, alma e coração.

Aqueles que declaram que não pode haver uma vida íntegra a menos que aceitemos a superstição, eu sou contra com unhas e dentes. Abaixo a infâmia! Eu profetizo que um dia negócios e educação serão sinônimos, comércio e faculdade darão as mãos, e a preparação para a vida será para o trabalho.

Enquanto o mercado for trapaça; os negócios, uma permuta; o comércio, um estratagema; o governo, uma exploração; o massacre, uma honra; e o assassinato, uma bela arte; enquanto a religião for uma superstição ignorante; a piedade, a adoração de um ídolo; e a educação, um punhado de honras, haverá pouca esperança para a raça humana. Sob essas condições, tudo tende à divisão, dissipação, desintegração, separação, escuridão, morte.

Mas com a supremacia conquistada pela ciência, a introdução do sistema de preço único nos negócios e a convicção gradualmente crescente de que a honestidade é o bem mais valioso do homem, avistamos uma luz no fim do túnel.

Resta agora aos leigos levar essa convicção para o clero e provar a eles que a presunção tem sua pena, e trazer ao banco dos enlutados aquela trindade de ofensores, algo ironicamente designado como as Três Profissões Eruditas[12], e a humanidade estará bem longe na ampla estrada, com as abóbadas da Cidade Ideal à vista.

---

[12] Teologia, Direito e Medicina. (N.T.)

Poder individual

Toda questão bem-sucedida é o resultado do Poder Individual. A cooperação, tecnicamente, é um sonho iridescente, as coisas acontecem porque o homem as faz. Ele as cimenta de acordo com sua vontade.

Mas encontre este Homem e conquiste sua confiança, e olhos cansados dele olharão para os seus, e o clamor de seu coração ecoará em seus ouvidos. "Oh, alguém me ajude a suportar este fardo!"

Em seguida, ele lhe falará de sua busca incessante por Habilidade e de seus contínuos desapontamentos e frustrações ao tentar encontrar alguém que ajude a si próprio, ajudando-o.

A Habilidade é uma necessidade urgente do momento. Os bancos estão transbordando dinheiro, mas por toda a parte há homens à procura de trabalho. A colheita está madura. Mas a Habilidade de comandar os desempregados e empregar o capital está em falta, infelizmente. Em cada cidade, há muitos cargos a serem preenchidos de cinco a dez mil dólares por ano, mas os únicos candidatos são homens que querem empregos de quinze dólares por semana. O homem com Habilidade já tem seu lugar. Sim, Habilidade é um artigo raro.

Mas há algo que é muito mais escasso, muito melhor, mais raro do que a qualidade da Habilidade.

É a habilidade de reconhecer a Habilidade.

O comentário mais severo que pode ser feito contra a classe dos empregadores reside no fato de que os homens de Habilidade geralmente conseguem mostrar seu valor apesar de seu empregador, sem sua ajuda e incentivo.

Se você conhece homens de Habilidade, sabe que eles descobriram seu poder, quase sem exceção, por acaso ou acidente. Se o acidente que gerou a oportunidade não tivesse acontecido, a habilidade teria permanecido desconhecida e praticamente perdida para o mundo. A experiência de Tom Potter, operador de telégrafo em uma obscura estação intermediária de trem, é a verdade escancarada. Aquela noite medonha, quando a maioria dos fios caiu, e um trem de passageiros atravessou a ponte, deu a Tom Potter a oportunidade de se descobrir. Ele se encarregou dos mortos, cuidou dos feridos, resolveu muitas reclamações – elaborando um plano pela empresa –, queimou o último vestígio dos destroços, afundou o ferro sucateado no rio e consertou a ponte antes da chegada do superintendente no local.

– Quem lhe deu autoridade para fazer tudo isso? – questionou o superintendente.

– Ninguém – respondeu Tom –, eu assumi a autoridade.

No mês seguinte, o salário de Tom Potter foi para cinco mil dólares por ano e, em três anos, ele estava ganhando dez vezes mais, simplesmente porque ele era capaz de fazer com que outros homens realizassem o trabalho.

Por que esperar um acidente para descobrir Tom Potter? Vamos preparar armadilhas para Tom Potter e ficar à espreita esperando por ele. Talvez Tom Potter esteja na esquina, do outro lado da rua, na sala ao lado, ou ao nosso lado. Miríades de Tom Potters embrionários aguardam descobertas e desenvolvimentos apenas se nós procurarmos por eles.

Conheço um homem que vagou pelos bosques e campos durante trinta anos e nunca encontrou uma flecha indígena. Um dia, ele começou a pensar em "flecha" e, logo ao sair por sua porta, encontrou uma. Desde então, ele já coletou um alqueire delas.

Suponha que deixemos de lamentar sobre a incompetência, a indiferença sonolenta e a "assistência" desleixada que vigia o relógio. Essas coisas existem – vamos dispor do assunto admitindo-o, e então enfatizar o fato de que meninos fazendeiros sardentos vêm do Oeste e do Leste e frequentemente quando estão no comando fazem as coisas de maneira magistral. Há um nome que se destaca na história como uma referência depois de todos esses mais de dois mil e quinhentos anos que se passaram, só porque o homem teve a genialidade de descobrir a Habilidade. Esse homem é Péricles. Péricles fez Atenas.

E hoje, a própria poeira das ruas de Atenas está sendo peneirada e revistada em busca de relíquias e resquícios de coisas feitas por pessoas que foram comandadas por homens de Habilidade, descobertos por Péricles.

Há pouquíssima competição nesta linha de descoberta da Habilidade. Sentamos e lamentamos porque a Habilidade não vem em nosso caminho. Vamos pensar em "Habilidade" e possivelmente

AMOR, VIDA E TRABALHO

possamos empurrar Péricles ali de seu pedestal, onde ele esteve por mais de vinte séculos – o homem com um gênio supremo para reconhecer a Habilidade. Salve a ti, Péricles, e salve a ti, Grande Desconhecido, que será o primeiro a imitar com sucesso este líder dos homens.

Atitude mental

O sucesso está no sangue. Há homens que o destino nunca pode reprimir, eles marcham à frente radiantemente e tomam por direito divino o melhor de tudo que a Terra oferece. Mas seu sucesso não é alcançado por meio de Samuel Smiles, político de Connecticut. Eles não armam uma emboscada, nem conspiram, nem bajulam, nem procuram adaptar suas velas para apanhar a brisa favorável. Ainda assim, eles estão sempre alertas e ativos para qualquer bem que possa surgir em seu caminho, e quando o encontram, eles simplesmente se apropriam dele e, sem demora, seguem em frente com firmeza.

Boa saúde! Sempre que você sair de casa, contraia o queixo, erga a cabeça e encha os pulmões ao máximo; beba ao sol; cumprimente seus amigos com um sorriso e coloque sua alma em cada aperto de mão.

Não tenha medo de ser mal interpretado; e nunca perca sequer um momento pensando em seus inimigos. Tente fixar firmemente em sua mente o que gostaria de fazer e, então, sem um movimento brusco de direção, você vai avançar direto para o objetivo.

O medo é a rocha na qual somos partidos; e o ódio, o banco de areia em que muitas barcas ficam encalhadas. Quando ficamos com medo, o julgamento é tão questionável quanto a bússola de um navio cujo porão está cheio de minério de ferro; quando odiamos, desarmamos o leme; e se alguma vez paramos para meditar sobre o que dizem as fofocas, permitimos que o cabo da âncora se choque com a hélice.

Mantenha sua mente em algo grande e esplêndido que você gostaria de fazer; e então, com o passar dos dias, você se verá inconscientemente agarrando as oportunidades necessárias para a realização de seu desejo, assim como os pólipos do coral tiram da maré corrente os elementos de que necessitam. Visualize em sua mente a pessoa capaz, sincera e eficiente que você deseja ser, e seu pensamento o transformará a cada hora naquele indivíduo específico que você tanto admira.

O pensamento é supremo, e pensar sempre é melhor do que agir.

Preserve uma atitude mental correta: a atitude de coragem, franqueza e entusiasmo.

Darwin e Spencer nos disseram que este é o método da Criação. Cada animal desenvolveu as partes de que precisava e desejava. O cavalo é veloz porque almeja ser; o pássaro voa porque deseja; o pato tem pés com membrana porque quer nadar. Todas as coisas se realizam por meio do desejo, e toda oração sincera é respondida. Tornamo-nos aquilo em que nossos corações se fixam.

Muitas pessoas sabem disso, mas não o sabem suficientemente bem a ponto de moldar suas vidas. Queremos amigos, então planejamos e procuramos encontrar pessoas fortes, e ficamos à espera de bons sujeitos, ou que se dizem bons sujeitos, na esperança de sermos capazes de nos juntar a eles. A única maneira de garantir amigos é sendo um. E antes de estar apto para a amizade, você deve ser capaz de viver sem ela. Ou seja, você deve ser autoconfiante o suficiente para cuidar de si mesmo e, com o excedente de sua energia, você pode cuidar dos outros.

O indivíduo que anseia por amizade, mas deseja ainda mais um espírito egocêntrico, nunca terá amigos.

Se você deseja ter amigos, cultive a solidão em vez de socializar. Beba ao ar livre; banhe-se ao sol; e lá fora, na noite silenciosa, sob as estrelas, diga a si mesmo repetidas vezes: "Eu sou uma parte de tudo o que meus olhos contemplam!" E então você terá a sensação de que não é um mero intruso entre a Terra e o céu; mas, sim, uma parte necessária do todo. Nenhum mal pode acontecer a você que não aconteça a todos, e se você cair, só poderá ser em meio a uma destruição de mundos.

Como disse o velho Jó, aquilo que tememos certamente virá sobre nós[13]. Por meio de uma atitude mental errada, colocamos em movimento uma série de eventos que terminam em desastre. As pessoas que morrem de doença na meia-idade, quase sem exceção, são aquelas que estavam se preparando para a morte. Uma condição trágica aguda é simplesmente o resultado de um estado mental crônico, a culminação de uma série de eventos.

---

[13] Passagem bíblica do Livro de Jó 3:25. (N.T.)

O caráter é o resultado da atitude mental e da maneira como gastamos nosso tempo. O que pensamos e fazemos é o que nos torna o que somos.

Ao compreender as forças do Universo, você se torna forte com elas. E quando você se dá conta disso, tudo o mais fica fácil, em suas artérias surgirão glóbulos vermelhos, e em seu coração nascerá a resolução determinada para fazer e ser. Contraia seu queixo e erga sua cabeça. Somos deuses na crisálida.

O intruso

Quando eu era um garoto fazendeiro, percebi que sempre que comprávamos uma nova vaca e a introduzíamos no pasto com o rebanho, havia uma inclinação geral por parte do restante em fazer a nova vaca pensar que havia pousado na "perdição ortodoxa". Eles a afastavam do sal, expulsavam-na da água, e aqueles de chifres longos, por várias semanas, não perdiam a oportunidade de dar-lhe cutucadas vigorosas.

Com os cavalos era a mesma coisa. Eu me lembro de uma pequena égua preta em particular que nós, meninos, costumávamos transferir de um pasto para outro, apenas para ver o dorso dela no meio da manada e ouvir o som estrondoso de seus cascos chocando-se contra as costelas dos outros cavalos, enquanto eles se reuniam para fazer travessuras com ela.

Os homens são animais tanto quanto vacas, cavalos e porcos; e eles manifestam predisposições semelhantes. A introdução de um

AMOR, VIDA E TRABALHO

novo homem em uma instituição sempre causa um pequeno pânico de ressentimento, especialmente se ele for uma pessoa com algum poder. Mesmo nas escolas e faculdades, o novo professor tem de lutar para superar a oposição que certamente encontrará em seus alunos ou companheiros de trabalho.

Em um acampamento madeireiro, o recém-chegado faria bem em tomar a iniciativa, como aquela pequena égua preta, enfrentando o primeiro olhar hostil com um curto soco direto.

Mas em um banco, loja de departamentos ou escritório ferroviário isso não pode acontecer. Portanto, a melhor coisa é persistir e vencer por meio da atenção nos negócios aos quais o lugar não está acostumado. Em todo caso, quanto mais importante o homem for, a menos que tenha o poder absoluto de intimidar, mais desconfortável será sua posição, até que gradualmente o tempo suavize o caminho e novas questões surjam para críticas, oposição e ressentimento, e ele seja esquecido.

A ideia da Reforma da Função Pública – promoção para os bons empregados em vez de contratar novos para altos cargos – é uma regra que parece boa no papel, mas é uma política fatal se aplicada à risca.

A empresa que não for progressiva está plantando as sementes da própria extinção. A vida é um movimento para a frente, e todas as coisas na natureza que não evoluem para algo melhor estão se preparando para retornar a seus elementos constituintes. Uma regra geral para o progresso nas grandes empresas é a introdução de sangue novo. Você deve seguir o mundo dos negócios. Se você ficar para trás, os malfeitores que estão pendurados nos flancos do comércio vão derrubá-lo e levá-lo cativo, assim como os lobos aguardam a vaca doente nas planícies.

ELBERT HUBBARD

Para manter as pessoas marchando, você deve introduzir novos métodos, nova inspiração e aproveitar o melhor do que outros inventaram ou descobriram.

As grandes ferrovias da América evoluíram juntas. Nenhuma delas possui um equipamento ou um método muito superior às demais. Se não fosse por esse intercâmbio de homens e ideias, algumas ferrovias ainda estariam usando o acoplador de vagões com haste e pino, e os trilhos de ferro seriam tão comuns quanto no ano de 1869.

O gestor ferroviário que conhece seu negócio está sempre em busca da excelência entre seus homens e promove aqueles que prestam um serviço integral. Mas, além disso, ele por vezes contrata externamente alguém forte e o promove acima de todos. Então aparecem os repressores!

Mas isso faz pouca diferença para o gestor competente. Se for necessário preencher uma vaga e ele não tiver ninguém em sua folha de pagamento bom o suficiente para ocupá-la, ele contrata uma pessoa de fora.

Isso é correto e bom para todos os envolvidos. A nova fase de muitas empresas data do dia em que contrataram um novo homem.

Comunidades que se unem entre si cultivam uma boa safra, e o resultado é o mesmo em empreendimentos comerciais. Duas das maiores editoras da América, há alguns anos, faliram por uma soma considerável de cinco milhões ou mais cada uma, simplesmente por causa de uma política obstinada, que se estendeu por um período de cinquenta anos, de promover primos, tios e tias, cuja única alegação quanto à eficiência era de que eles estavam na lista de pensões havia muito tempo. Nesse caminho reside a decadência.

Se você é um empresário e tem uma posição de responsabilidade a ser preenchida, procure com cuidado entre seus antigos colaboradores um profissional para promover. Mas se você não tem alguém bom o suficiente para preencher a vaga, não promova alguém inferior somente para manter a paz. Vá lá fora, encontre um bom profissional e contrate-o, não importa o salário; desde que ele possa ocupar o cargo, os salários são sempre relativos ao poder de ganho. Esta será a única maneira de realmente tripular seu navio.

Quanto às Regras da Função Pública, regras são feitas para serem quebradas. E quanto àqueles com chifres longos que tentarão tornar a vida do seu novo empregado miserável, seja paciente com eles. É o direito de todos dar uma quantidade razoável de coices, especialmente se a pessoa está há muito tempo em uma empresa e tem recebido muitos benefícios.

Mas, se ao final, o pior acontecer, não se esqueça de que você é o dirigente da empresa. Se falhar, você assume a culpa. E se o coro da bigorna se tornar tão persistente a ponto de haver o risco de a discórdia tomar o lugar da harmonia, fique ao lado do seu novo homem, mesmo que seja necessário entregar a carta de demissão aos mais antigos. A precedência nas empresas é uma questão de poder, mas anos em uma mesma posição pode significar que a pessoa precisa de uma mudança. Deixe os zéfiros da lei natural brincar livremente com seus bigodes.

Portanto, aqui está o argumento: promova seus homens merecedores, mas não tenha medo de contratar alguém experiente de fora; ele ajuda a todos, até mesmo os queixosos, pois se você se desintegrar e cair em desgraça, eles terão de lutar por novos empregos de qualquer maneira. Não é mesmo?

Saia ou entre na linha

Carta de Abraham Lincoln para Hooker! Se todas as cartas, mensagens e discursos de Lincoln fossem destruídos, exceto a carta enviada para Hooker, ainda teríamos um excelente indicador do coração do Rail-Splitter[14].

Nessa carta, vemos que Lincoln administrou o próprio espírito; e também observamos o fato de que ele poderia administrar outros. A carta mostra diplomacia sábia, franqueza, bondade, inteligência, tato e infinita paciência. Hooker havia criticado dura e injustamente Lincoln, seu comandante-chefe, mas Lincoln renuncia a tudo isso em consideração às virtudes que reconhecia em Hooker, e o promove para suceder Burnside. Em outras palavras, o homem que foi injustiçado promove aquele que o ofendeu, acima de outro a quem

---
[14] Trabalho antigo de Abraham Lincoln, que deu origem a seu apelido. (N.T.)

o promovido havia ofendido também, e por quem o promotor tinha uma amizade pessoal afetuosa.

Mas todas as considerações pessoais naufragaram em vista do fim desejado. No entanto, era necessário que o homem promovido soubesse a verdade, e Lincoln contou-lhe de uma forma que não o humilhasse nem incendiasse sua raiva tola; mas que certamente evitaria o ataque de elefantíase cerebral, ao qual Hooker era suscetível.

Talvez seja melhor apresentar a carta inteira, então aqui está:

Mansão Executiva,
Washington, 26 de janeiro de 1863.
Major-General Hooker:
General, eu o coloquei à frente do exército do Potomac. É claro que fiz isso por razões que me parecem suficientes, no entanto, acho melhor que saiba que há algumas coisas com as quais não estou muito satisfeito com você.

Acredito que seja um soldado valente e habilidoso, o que, é claro, eu aprecio. Também acredito que não misture política com sua posição, em que tem total razão.

Você tem confiança em si mesmo, o que é uma qualidade valiosa, senão indispensável.

Você é ambicioso, o que, dentro de limites razoáveis, faz mais bem do que mal; mas acho que durante o comando do exército do general Burnside, você aceitou os conselhos de sua ambição e o contrariou tanto quanto pôde, o que fez um grande mal ao país e a um oficial irmão mais meritório e honrado.

Ouvi dizer, a ponto de acreditar, que recentemente comentou que tanto o exército quanto o governo precisavam de um ditador. Claro que não foi por isso, mas apesar disso, que dei a você o comando. Somente os generais que obtiveram vitórias podem constituir ditadores. O que lhe peço agora é sucesso militar, e vou arriscar a ditadura. O governo o apoiará ao máximo de sua capacidade, o que não é nem mais nem menos do que tem feito e fará por todos os comandantes. Temo muito que o espírito que ajudou a infundir no exército, de criticar seu comandante e privar sua confiança, se volte agora contra você. Vou ajudá-lo a impedir isso tanto quanto eu puder. Nem você nem Napoleão, se ele estivesse vivo, poderiam tirar algo benéfico de um exército enquanto tal espírito prevalecesse nele. E, agora, tenha cuidado com a imprudência, e com vigilância insone, siga em frente e nos dê vitórias.

Atenciosamente,
Abraham Lincoln

Um ponto dessa carta merece nossa especial consideração, pois sugere uma condição que surge como a beladona de um solo venenoso. Refiro-me ao hábito de censurar, zombar, resmungar e criticar aqueles que estão acima de nós. O homem que é alguém e faça qualquer coisa certamente será criticado, difamado e incompreendido. Isso é uma parte da punição pela grandeza, e todo grande homem entende isso; e entende, também, que isso não é prova de grandeza. A prova final de grandeza está em ser capaz de resistir ao insulto sem ressentimentos. Lincoln não se ressentiu das críticas; ele sabia que cada vida tem sua razão de ser, mas veja como ele chama a atenção de Hooker para o fato de que a discórdia que Hooker semeou vai voltar e atormentá-lo! "Nem você nem Napoleão, se ele estivesse vivo, poderiam tirar algo benéfico de um exército enquanto tal espírito prevalecesse nele". A culpa de Hooker

AMOR, VIDA E TRABALHO

recai sobre Hooker – outros podem sofrer, mas Hooker sofre mais que todos.

Não faz muito tempo, conheci um estudante de Yale em sua casa, durante as férias. Tenho certeza de que ele não representava o verdadeiro espírito de Yale, pois era cheio de críticas e amargura em relação à instituição. O presidente Hadley veio de sua parte e me apresentou itens, fatos, dados, com horários e locais.

Logo percebi que o problema não era com Yale, o problema era com o jovem. Ele tinha se habituado mentalmente com alguns deslizes triviais, até que ficou tão fora de harmonia com o lugar que perdeu o poder de tirar qualquer benefício de lá. A Universidade Yale não é uma instituição perfeita, é fato, e suponho que o presidente Hadley e a maioria das pessoas de lá estão bastante dispostas a admitir; mas Yale realmente oferece aos jovens certas vantagens, e depende de os alunos aproveitarem essas vantagens ou não. Se você é um estudante universitário, tire proveito do que há de bom em sua escola. Você recebe o bem ofertando o bem. Você ganha ofertando, então, dê simpatia e alegria com lealdade à instituição. Tenha orgulho disso. Apoie seus professores, eles estão fazendo o melhor que podem. Se o local tiver algum problema, torne-o um lugar melhor por meio do exemplo, fazendo seu trabalho alegremente todos os dias, da melhor maneira possível. Cuide da sua própria vida.

Se as coisas onde você trabalha estão todas erradas, e seu chefe é avarento, seria bom ir até ele e confidencial, calma e gentilmente dizer que sua política é absurda e despropositada. Em seguida, mostre-lhe como reestruturar os caminhos e se ofereça para cuidar da questão e ajudar a eliminar as falhas. Faça isso, ou, se por algum motivo você preferir não fazer, escolha uma destas opções: saia ou entre na linha. Você tem de fazer um ou outro, tem de fazer sua escolha. Se você trabalha para alguém, em nome dos céus, trabalhe a favor dele.

Se ele paga o salário que lhe proporciona seu pão de cada dia, trabalhe a favor dele, fale bem dele, pense bem dele, fique ao seu lado e defenda a instituição que ele representa.

Se eu trabalhasse para alguém, trabalharia a seu favor. Eu não trabalharia para ele somente uma parte do tempo, e, no restante do tempo, contra ele. Ou faria um serviço completo ou não faria nenhum. Se posto na balança, um grama de lealdade vale um quilo de inteligência.

Se for para difamar, condenar e eternamente denegrir, então, renuncie à sua posição e, quando estiver do lado de fora, censure a natureza do seu coração. Mas eu rogo a você: enquanto fizer parte de uma instituição, não a condene. Não que vá prejudicar a instituição, não é isso, mas quando você deprecia a empresa da qual faz parte, deprecia a si mesmo.

Mais do que isso, você está soltando as gavinhas que o prendem à instituição e, ao primeiro vento forte, será arrancado pela raiz e levado no rastro da nevasca, e provavelmente nunca saberá o porquê. A carta apenas diz: "Os tempos são difíceis, e lamentamos não haver trabalho suficiente", etc.

E em toda parte você encontrará colegas desempregados. Fale com eles e descobrirá que estão cheios de difamação, amargura, desprezo e condenação. Este foi o problema: a busca incessante por falhas fez com que eles mesmos oscilassem, então eles bloquearam o canal da boa comunicação e tiveram de ser dinamitados. Eles estavam em desarmonia com o lugar, e não tendo mais serventia, tiveram de ser removidos. Cada empregador está constantemente

AMOR, VIDA E TRABALHO

procurando por pessoas para ajudá-lo; naturalmente ele observa entre seus funcionários quem não ajuda, e tudo e todos que representem um obstáculo devem ir embora. Esta é a lei da vida, não encontre defeitos nela, ela está fundamentada na natureza. A recompensa é apenas para quem ajuda, e, para ajudar, você deve ter simpatia.

Você não pode ajudar seu chefe, a não ser que explique em voz baixa, sussurrando, por meio de gesto e sugestão, com cuidado e atitude mental, que ele é um avarento e que seu sistema está completamente errado. Você não o está necessariamente ameaçando ao agitar este caldeirão de descontentamento e ao aquecer a inveja dentro do conflito, mas está se colocando em uma rampa bem lubrificada que vai te conduzir para baixo e para fora. Quando você diz a outros empregados que seu chefe é avarento, você revela o fato de que você também é; e quando diz a eles que a política da instituição é "deturpada", certamente mostra que a sua também é.

Esse mau hábito de procurar falhas, criticar e reclamar é uma ferramenta que fica mais afiada com o uso constante, e há um grave perigo de que aquele que a princípio apenas desferia coices moderadamente se torne um batedor crônico, e a faca que ele afiou pode cortar sua cabeça.

Hooker conseguiu sua promoção apesar de suas muitas falhas; mas são grandes as chances de que seu empregador não tenha o mesmo amor que Lincoln tinha, o amor que sofre por muito tempo e é gentil. Mas mesmo Lincoln não pôde proteger Hooker para sempre. Hooker falhou em desempenhar sua função, e então chegou um tempo em que ele foi substituído por um Homem Silencioso, que não criticava ninguém, não se zangava com ninguém; nem mesmo com o inimigo.

ELBERT HUBBARD

E este Homem Silencioso, que podia administrar seu próprio espírito, dominou as cidades. Ele cuidava da própria vida e realizou o trabalho que nenhum outro homem poderia ter feito, a não ser que constantemente dedicasse lealdade absoluta, confiança perfeita, fidelidade inabalável e devoção incansável. Vamos tratar da nossa própria vida e permitir que os outros cuidem da vida deles, trabalhando assim para nós mesmos, para o bem de todos.

O dia da semana, mantenha-o sagrado

Alguma vez lhe ocorreu que é a coisa mais absurda e semibárbara definir um dia como "dia sagrado"?

Se você é um escritor e um belo pensamento lhe ocorre, você nunca vai hesitar porque é um dia de domingo, você simplesmente o escreve.

Se você é um pintor e a imagem aparece diante de você, vívida e clara, você se apressa em materializá-la antes que a visão se desvaneça por completo.

Se você é um músico, você canta uma canção, ou a toca no piano, para que fique gravada em sua memória e para se regozijar dela.

Se você é um carpinteiro, você pode fazer um desenho, mas terá de interromper antes de concluir apenas por que é o "Dia do Senhor"? Ou se você é um ferreiro, não se atreverá a erguer um martelo, por medo da consciência ou da vigia? Tudo isso é uma admissão de que consideramos o trabalho manual uma espécie de mal necessário e que deve ser feito apenas em determinados momentos e lugares.

A razão ortodoxa para a abstinência de todo trabalho manual no domingo é que "Deus fez os céus e a Terra em seis dias e no sétimo Ele descansou", portanto, o homem, criado à semelhança de seu Criador, deve considerar este dia sagrado. Como é possível que um ser supremo, onipotente e todo-poderoso, sem "corpo, partes ou paixões", se canse por meio de esforço físico, é uma questão que ainda não foi respondida.

A ideia de servir a Deus no domingo e depois esquecê-Lo durante toda a semana é uma falácia impulsionada pelo reverendo doutor Sayles e seu coadjutor, o diácono Buffum, que passa o chapéu-panamá em benefício de quem quer comprar a absolvição. Ou, se preferir, a salvação sendo gratuita, o que colocamos no chapéu é um honorário para a Divindade ou seu agente, assim como nossos notáveis autores nunca palestram em banquetes a troco de pagamento, mas aceitam os honorários que de alguma forma oculta e misteriosa são deixados na lareira. O domingo, com sua imunidade ao trabalho, foi concebido para que escravizados se livrassem de todo o trabalho semanal.

Então, respeitando o direito do escravizado, foi declarada uma concessão de não trabalhar no domingo, algo muito agradável da diplomacia de Tom Sawyer[15]. Seguindo suas inclinações e não fazendo nada, um benefício misterioso advém dos céus, o qual o homem preguiçoso espera ter e manter por toda a eternidade.

---

[15] Personagem de *As aventuras de Tom Sawyer* (1876), do escritor americano Mark Twain (1835-1910). (N.T.)

AMOR, VIDA E TRABALHO

Os escravizados que não trabalham no domingo apontam aqueles que trabalham como seres inferiores em virtude e merecedores de desprezo. Com base nessa teoria, foram aprovadas todas as leis que punem quem trabalha ou realiza alguma atividade no domingo. Deus para de trabalhar um dia em cada sete, ou o trabalho que Ele faz no domingo é especialmente diferente daquele que Ele realiza na terça-feira? A meia folga do sábado não é "sagrada", a folga do domingo é, e temos leis para punir aqueles que a "violam". Nenhum homem pode violar o sábado; ele pode, entretanto, violar sua própria natureza, e isso ele está mais apto a fazer por meio da ociosidade forçada do que se trabalhar ou exercer alguma atividade. Apenas água corrente é pura, qualquer tipo de natureza estagnada é perigoso, um criadouro de doenças.

A mudança de ocupação é necessária para a saúde mental e física. A maioria das pessoas realiza demasiadamente apenas um tipo de trabalho. A semana toda ficam acorrentados a uma tarefa que se torna repugnante, porque a dose é grande demais, mas eles têm de fazer esse trabalho específico ou morrerão de fome. Isso é escravidão, tanto quanto na época em que o homem era comprado e vendido como uma propriedade.

Chegará um tempo em que todos os homens e mulheres trabalharão porque é um presente abençoado, um privilégio? Hoje em dia, há muitas pessoas que simplesmente não trabalham, orgulham-se disso, e defendem as leis dominicais. Se os ociosos trabalhassem, ninguém ficaria sobrecarregado. Se esse tempo chegasse, não deixaríamos de considerar "maléfico" trabalhar em determinados dias e horas, tanto quanto consideraríamos absurdo aprovar uma lei que tornasse ilegal sermos felizes na quarta-feira? Não é o bom trabalho um esforço para produzir algo útil, necessário ou bonito?

Nesse caso, um bom trabalho é uma oração, inspirada por um coração amoroso, uma oração para beneficiar e abençoar. Se a oração não é um desejo apoiado por um justo esforço humano para ser realizado com eficácia, então o que é?

O trabalho é um serviço realizado para nós e para os outros. Se eu o amo, certamente trabalharei para você, dessa forma revelo meu amor. E manifestar meu amor dessa maneira é uma alegria e uma gratificação para mim. Assim, o trabalho é para o trabalhador individual sua própria recompensa. Sendo esses conceitos verdadeiros, se é errado trabalhar no domingo, é errado amar no domingo; todo sorriso é pecado, toda carícia é uma maldição e toda ternura é um crime.

Não deverá chegar um tempo, se evoluirmos em mentalidade e espírito, em que deixaremos de diferenciar e de chamar alguns trabalhos de seculares e outros de sagrados? Não é necessário que eu semeie milho e alimente meus entes queridos (e também o padre), para que o padre possa pregar e orar? Algum padre pregaria e oraria se alguém não empunhasse a enxada? Se a vida vem de Deus, então todo esforço útil é divino; e trabalhar é a forma mais elevada de religião. Se Deus nos criou, com certeza Ele está satisfeito em ver que Sua obra é um sucesso. Se estamos infelizes, desejando acabar a vida com uma simples adaga, certamente não estamos enaltecendo nosso Criador, mas proclamando Sua obra um fracasso. Mas se nossa vida está cheia de alegria e somos gratos pelo sentimento de que somos uno com a Divindade, ajudando Deus a fazer Sua obra, então, e somente então, verdadeiramente O servimos.

Não é estranho que os homens tenham feito leis declarando que é maléfico trabalharmos?

Amizades exclusivas

Um homem extraordinário e gentil que conheço disse: "Quando cinquenta e um por cento dos eleitores acreditarem na cooperação em vez da competição, a Comunidade Ideal deixará de ser uma teoria e se tornará um fato".

Que os homens devam trabalhar juntos para o bem de todos é muito bonito, e acredito que chegará o dia em que essas coisas acontecerão, mas o simples processo de cinquenta e um por cento dos eleitores votarem pelo socialismo não fará isso acontecer.

A questão da votação é simplesmente a expressão de um sentimento e, depois de as cédulas terem sido contadas, ainda resta trabalho a ser feito. Um homem pode votar certo e agir como um tolo pelo resto do ano.

O socialista cheio de amargura, brigas, dissensões e ciúmes está criando uma oposição que o manterá sob domínio, e também a todos os outros. A oposição até é boa, pois mesmo uma sociedade muito imperfeita tende a se proteger contra a dissolução ou uma condição ainda pior. Controlar os monopólios e operá-los para o bem da sociedade não é suficiente, nem desejável enquanto a ideia de rivalidade prevalecer.

Enquanto o "eu" estiver em primeiro lugar na mente dos homens, eles temerão e odiarão outros homens, e sob o socialismo haveria precisamente a mesma disputa por lugar e poder que vemos na política atual.

A sociedade não pode ser reconstruída até que seus membros individuais sejam reconstruídos. O homem deve nascer de novo. Somente quando cinquenta e um por cento dos eleitores governarem seu próprio espírito e arrancarem cinquenta e um por cento de sua inveja, ciúme, amargura, ódio, medo e orgulho tolo de seus corações, então o socialismo cristão estará ao alcance.

O assunto é extenso demais para ser resolvido em um só parágrafo, então vou me contentar aqui com a citação de algo que, pelo que sei, nunca foi mencionado na imprensa: o perigo para a sociedade de amizades exclusivas entre homem e homem, mulher e mulher. Duas pessoas do mesmo sexo não podem se complementar, nem se elevar ou beneficiar uma à outra. Normalmente, eles deformam o estado mental e espiritual. Devemos ter muitos conhecidos ou nenhum. Quando dois homens começam a "contar tudo um para o outro", estão caminhando para a senilidade. Deve haver um pouco de ressalva bem-definida. Dizem que na matéria do aço sólido, por exemplo, as moléculas nunca se tocam. Elas nunca abrem mão de sua individualidade. Somos todos moléculas da Divindade, e nossa personalidade não deve ser abandonada. Seja você mesmo, não deixe que ninguém seja imprescindível para você, seu amigo pensará mais em você se o mantiver um pouco distante. A amizade, assim como o crédito, é maior onde não é usada.

Amor, vida e trabalho

Eu posso entender como um homem vigoroso pode ter uma grande e duradoura afeição por milhares de outros homens e chamá-los todos pelo nome, mas como ele pode considerar qualquer um deles muito mais importante do que o outro e preservar seu equilíbrio mental, eu não sei.

Deixe alguém chegar perto o suficiente de você e agarrá-lo como uma pessoa que está se afogando, vocês dois cairão. Em uma amizade íntima e exclusiva, os homens compartilham das fraquezas uns dos outros.

Nas lojas e nas fábricas, acontece constantemente de homens terem amigos próximos. Eles relatam um ao outro seus problemas, não deixam nada para trás, simpatizam um com o outro e se compadecem mutuamente.

Eles se combinam e defendem um ao outro. A amizade deles é exclusiva, e os outros percebem isso. O ciúme se arrasta, a suspeita desperta, o ódio se curva pelos cantos, e esses amigos se juntam em antipatia mútua por certas coisas e pessoas. Eles se incentivam, e sua solidariedade dilui a sanidade – ao reconhecerem seus problemas, os homens os tornam reais. As coisas saem de foco e o senso de valor é perdido. Ao pensar que alguém é um inimigo, você o transforma em um.

Logo outros são envolvidos, e então temos uma "panelinha". Uma panelinha é uma amizade que foi semeada.

Uma panelinha se transforma em facção, uma facção em clã, e logo temos uma quadrilha, que é uma massa cega, estúpida, insana, louca, enfurecida e esbravejante, que perdeu o leme. Em uma quadrilha, não há indivíduos, todos têm a mesma opinião e o pensamento independente morre.

Um clã é fundamentado em nada, é um erro, uma ideia tola ateada em chamas por um amigo tolo! E pode se tornar uma quadrilha!

Todo homem que já vivenciou a vida em comunidade percebeu que a panelinha é um bacilo desintegrador – tem sua origem sempre na amizade exclusiva de duas pessoas do mesmo sexo, que contam uma a outra todas as coisas desagradáveis que são ditas sobre cada uma, "então, esteja atento". Cuidado com a amizade exclusiva! Respeite todas as pessoas e tente encontrar o bem em cada uma. Associar-se apenas com alguém sociável, espirituoso, sábio, brilhante é um erro. Ande entre os simples, os obtusos, os incultos e exercite sua própria inteligência e sabedoria. Você evolui tanto ao se doar a seu amigo quanto ao se manter afastado dele, seguindo-o.

Reverencie-o, sim, mas seja natural e deixe a distância intervir. Seja uma molécula Divina.

Seja você mesmo e dê ao seu amigo a chance de ser ele mesmo. Assim você o beneficia, e, ao beneficiá-lo, você beneficia a si mesmo.

As melhores amizades estão entre aqueles que conseguem viver um sem o outro.

Claro, há casos de amizade exclusiva que nos são apontados como grandes exemplos de afeto, mas são tão raros e excepcionais que servem mais para enfatizar o fato de que é extremamente imprudente para homens de poder e intelecto comuns excluir seus semelhantes. Alguns homens, talvez, que são notáveis o suficiente para ter um lugar na história, poderiam desempenhar o papel de Davi para algum Jônatas[16] e ainda assim manter a boa intenção de todos, mas a maioria de nós criaria ressentimento e desavenças.

E este lindo sonho de socialismo, onde cada um deve trabalhar para o bem de todos, nunca acontecerá até que cinquenta e um por cento dos adultos abandonem todas as amizades exclusivas. Até

---

[16] O autor se refere à amizade entre Davi e Jônatas, na passagem bíblica 1 Samuel 18:3. (N.T.)

AMOR, VIDA E TRABALHO

esse dia chegar, você terá panelinhas, facções – que são panelinhas que cresceram –, clãs e quadrilhas ocasionais.

Não dependa de ninguém e não deixe que ninguém dependa de você. A sociedade ideal será composta de indivíduos ideais. Seja amigo de todos.

Quando o Mestre aconselhou seus discípulos a amarem seus inimigos, ele tinha em mente a verdade de que um amor exclusivo é um erro – o amor morre quando é monopolizado, e cresce quando é doado. Seu inimigo é aquele que não o compreende, então, por que você não eleva seu espírito, reconhece o erro dele e o respeita pelas qualidades que você encontra nele?

A insensatez de viver no futuro

*"Em que se tornaram todos os oradores
de turma e todos os poetas de graduação?"*

Posso dar informações sobre as duas partes dessa questão: o orador da minha turma agora é muito trabalhador e digno chefe de seção na loja *Siegel, Cooper & Company*, e eu era o poeta da classe. Ambos estávamos com os olhos fixos no Objetivo. Ficávamos no limiar da porta e olhávamos para o mundo, preparando-nos para avançar, agarrando-o pela extremidade e nos precipitando em sua liderança, para nosso próprio deleite.

Tínhamos nossos olhos fixos no Objetivo, poderia ter sido melhor a prisão.

Foi uma coisa totalmente absurda fixarmos os olhos no Objetivo; isso deformou nossa visão e desviou a atenção do nosso trabalho, logo perdemos o controle sobre o presente.

Pensar no Objetivo é viajar a distância várias vezes em sua mente e refletir sobre quão terrivelmente distante ele está. Temos tão pouco entendimento – trabalhando com um recurso tão limitado de intelecto – que usá-lo de forma deplorável, procurando por algo que está distante, é ficar inutilmente encalhado na *Siegel, Cooper & Company*. Claro, trabalhar na *Siegel, Cooper & Company* é perfeito também, mas o ponto é este: não era o Objetivo!

Uma dose considerável de desconhecido é um requisito da fórmula para se fazer um grande trabalho.

Ninguém sabe qual é o Objetivo, todos nós estamos navegando sob ordens veladas.

Faça seu trabalho hoje, fazendo o melhor que puder, e viva um dia de cada vez. O homem que faz isso está conservando a energia dada por Deus, e não a perdendo em tênues teias de aranha tão frágeis e transparentes que o destino cruel provavelmente as varrerá.

Fazer bem seu trabalho hoje é a preparação certa para algo melhor amanhã. O passado se foi para sempre; o futuro não podemos alcançar; somente o presente é nosso. O trabalho de cada dia é uma preparação para as tarefas do dia seguinte.

Viva no presente: o Dia está aqui, a hora é Agora.

Há apenas uma coisa pela qual vale a pena orar: que possamos estar na linha da Evolução.

O espírito do homem

Talvez eu esteja totalmente errado sobre isso, mas não posso deixar de acreditar que o espírito do homem viverá novamente em um mundo melhor que o nosso. Fénelon[17] diz: "A justiça exige outra vida para compensar as desigualdades desta". Os astrônomos profetizam a existência de estrelas muito antes de poderem vê-las. Eles sabem onde elas devem estar e, preparando seus telescópios naquela direção, aguardam, na certeza de que as encontrarão.

Significativamente, ninguém pode imaginar nada mais belo do que esta Terra, pelo simples motivo de que não podemos imaginar nada além do que já tenhamos visto. Podemos criar novas combinações, mas o todo é feito de partes de coisas com as quais estamos familiarizados. Esta grande Terra verde na qual nascemos, da qual

---
[17] François Fénelon (1651-1715) foi um teólogo católico, poeta e escritor francês. (N.T.)

AMOR, VIDA E TRABALHO

fazemos parte, que sustenta nossos corpos, e para a qual retornaremos para retribuir o empréstimo, é muito, muito bonita.

Mas o espírito do homem não está totalmente em casa aqui; à medida que evoluímos em alma e intelecto, ouvimos repetidamente uma voz que diz: "Levantai-vos e ide-vos, porque este não é lugar de descanso"[18]. E quanto mais superior, nobre e sublime o espírito, mais constante é o descontentamento. O descontentamento pode vir de várias causas, por isso não é adequado supor que os descontentes sejam sempre os puros de coração, mas é fato que as pessoas sábias e excepcionais conhecem o significado da falta de entusiasmo. Quanto mais você estudar e apreciar esta vida, mais certeza terá de que isso não é tudo. Você descansa sua cabeça sobre a Mãe Terra, ouve o coração dela pulsar, e mesmo quando seu espírito está cheio de amor por ela, sua alegria é metade dor, e nasce em você uma felicidade que machuca. Olhar para as formas mais exaltadas de beleza, como o pôr do sol no mar, a vinda de uma tempestade na pradaria ou a sublime magnitude das montanhas, gera uma sensação de tristeza, uma solidão crescente. Não é suficiente dizer que o homem prejudica seu próximo e por isso ficamos realmente privados de nossa liberdade, que a civilização existe graças a um bacilo, e que por uma condição natural entramos em estado de perturbação em que a rivalidade é abundante. Tudo isso pode ser verdade, mas apesar e além disso tudo, não há ambiente físico em abundância que a Terra possa ofertar, que dará paz à alma cansada. São mais felizes os que têm menos; e a fábula do rei ferido e do mendigo sem camisa (fábula do rei Salomão durante a construção

---

[18] Passagem bíblica de Miqueias 2:10. (N.T.)

do templo em Jerusalém) contém a semente da verdade. Os sábios mantêm todos os vínculos terrestres muito superficialmente, eles estão se desnudando para a eternidade.

A falta de entusiasmo é apenas o desejo de uma condição espiritual melhor. Há muito mais a ser escrito sobre a dor do mundo. Para exaurir o tema, seria necessário um livro. E é certo que não desejo proferir a palavra final sobre qualquer assunto. O amável leitor tem certos direitos, e entre eles está o privilégio de sintetizar o caso.

Mas o fato é que a dor do mundo é uma forma de desejo. Todos os desejos são justos, adequados e corretos; e sua gratificação é o meio pelo qual a natureza nos fornece o que precisamos.

O desejo não apenas nos faz buscar o que precisamos, mas também é uma forma de atração pela qual o bem é trazido até nós, assim como as amebas criam um redemoinho nas águas para trazer o alimento ao seu alcance.

Todo desejo na natureza tem um propósito fixo e definido na Economia Divina, e todo desejo tem sua devida gratificação. Se desejamos a amizade estreita de determinada pessoa, é porque essa pessoa tem certas qualidades da alma que não temos, e que complementam as nossas.

Por meio do desejo, tomamos posse de nós mesmos; submetendo-nos ao seu sinal, acrescentamos uma hora a nossa vida[19]; e nós também damos aos outros nossos próprios atributos, sem nos tornarmos mais pobres, pois a alma não é limitada. Toda natureza é um símbolo do espírito, por isso sou forçado a acreditar que em algum lugar deve haver uma gratificação adequada para essa misteriosa nostalgia da alma.

---

[19] Passagem bíblica de Mateus 6:27. (N.T.)

AMOR, VIDA E TRABALHO

O Valhalla do Nórdico, o Nirvana do Hindu, o Paraíso do Cristão são esperanças naturais de seres cujas preocupações e decepções aqui são suavizadas pela crença de que em algum lugar Thor, Brahma ou Deus nos compensará.

As Unidades Eternas exigem uma condição em que homens e mulheres tenham permissão para amar e não sofrer; em que a tirania do ódio não prevalecerá, nem aquilo pelo qual o coração anseia se transformará em cinzas ao nosso toque.

Arte e religião

Embora pareça verdade em geral, não tenho certeza de que isso acontecerá em todos os casos. Por favor, pense por si mesmo, e se acontecer de eu estar errado, corrija-me.

A proposição é esta: o artista não precisa de religião além de sua obra. Ou seja, a arte é religião para o homem que tem belos pensamentos e os expressa para os outros da melhor maneira que pode. A religião é um deleite emocional por meio do qual o devoto se eleva a um estado de sublimidade espiritual, e nesse momento é banhado por uma atmosfera de tranquilidade, paz e amor. Todos os homens e mulheres normais almejam esses momentos; e Bernard Shaw[20] diz que os alcançamos por meio de um chá forte, tabaco, uísque, ópio, amor, arte ou religião.

---

[20] George Bernard Shaw (1856-1950) foi um dramaturgo, escritor e jornalista irlandês, autor da peça *Pigmalião* (1913), que inspirou o filme *My Fair Lady* (1938). (N.T.)

AMOR, VIDA E TRABALHO

Considero Bernard Shaw um cínico, mas há um lampejo de verdade em sua ideia que vale a pena repeti-la. Mas, além da religião natural, que é uma paixão pela unidade com o Todo, todas as religiões formalizadas incorporam o elemento do medo e ensinam a necessidade de aplacar um Ser Supremo. A ideia de um Ser Supremo nos é sugerida pelo governo político sob o qual vivemos. A situação foi sintetizada por Carlyle, quando ele disse que a "Divindade para a mente mediana britânica era simplesmente o absoluto George IV". O pensamento sobre Deus como sendo um terrível Tirano Supremo tomou forma pela primeira vez em uma monarquia ilimitada; mas conforme os governos se tornaram mais tolerantes, os deuses também o fizeram, até que se reduziram (ou se elevaram) a uma república, onde Deus é apenas um presidente, e todos nós nos aproximamos dele em oração familiar, em absoluta igualdade.

Logo então, pela primeira vez, encontramos um homem dizendo: "Eu sou Deus, e você é Deus, e todos nós somos simplesmente partículas Dele", e é nesse momento que o presidente é afastado e o referendo entra. Na ausência de um governante supremo, pressupõe-se a existência da simplicidade, honestidade, justiça e sinceridade. Onde quer que conspirações, estratagemas e métodos duvidosos de vida sejam empregados, um governante é necessário; e aí, também, a religião, com sua ideia de aplacar Deus, tem um domínio firme. Homens cujas vidas são duvidosas sentem a necessidade de um governo forte e uma religião enérgica. A religião formal e o pecado andam de mãos dadas. A religião formal e a escravidão andam de mãos dadas. A religião formal e a tirania andam de mãos dadas. A religião formal e a ignorância andam de mãos dadas.

E pecado, escravidão, tirania e ignorância são um só e nunca se separam.

A religião formal é um esquema pelo qual o homem espera fazer as pazes com seu Criador, e também tende a satisfazer o senso de sublimidade quando o homem falha em encontrar satisfação em seu trabalho. Voltaire diz: "Quando a mulher não se considera mais aceitável para o homem, ela se volta para Deus". Quando o homem não é mais aceitável para si mesmo, ele vai à igreja. A fim de evitar que este assunto se estenda a um tomo, propositalmente omiti dizer uma única coisa sobre a Igreja Protestante como um Clube Social útil, e apenas assumi, para fins de argumentação, que a Igreja é realmente uma instituição religiosa.

Uma religião formal é apenas um atalho transversal, uma tentativa de provocar as emoções e as sensações que vêm ao homem pela prática do amor, da virtude, da excelência e da verdade. Quando você faz um trabalho esplêndido e expressa o seu melhor, chega até você, como recompensa, uma exaltação da alma, uma sublimidade de sentimento que o coloca por um tempo em contato com o Infinito. Uma religião formal que traz esse sentimento sem que você faça nada de útil, portanto, não é natural.

A religião formalizada é mais forte onde abundam pecado, escravidão, tirania e ignorância. Onde os homens são livres, iluminados e ativos, eles encontram em seu trabalho toda a gratificação que suas almas demandam, e param de buscar fora de si mesmos por algo que lhes dê descanso. Eles estão em paz consigo mesmos, em paz com o próximo e com Deus.

Mas qualquer homem acorrentado a uma tarefa desesperançosa, cujo trabalho diário não exprime sua própria natureza, e que é perseguido por um chefe, sempre que consegue um momento de folga, volta-se para a bebida ou para a religião.

AMOR, VIDA E TRABALHO

Homens de olho no sábado à noite, que conspiram para tomar o lugar do outro, que podem localizar um empregador a qualquer hora do dia, que usam de esperteza para evitar o trabalho, que pensam apenas nas férias de verão, quando não serão obrigados a trabalhar, tendem a ser defensores da guarda do sábado e da ida à igreja.

Os cavalheiros nos negócios que entregam onze por uma dúzia e pesam novecentos gramas por um quilo, que são rápidos em executar uma hipoteca e que dizem "negócios são negócios", geralmente são sacristãos, diáconos e eclesiásticos. Olhe ao seu redor! Corretores de imóveis predadores que armam suas redes para todos os desavisados, advogados que preparam uma emboscada para suas presas, príncipes mercadores que atropelam seus empregados, e magnatas do petróleo, cuja história nunca foi escrita e nem poderia ser, frequentemente fazem as pazes com Deus e encontram uma gratificação para seu senso de sublimidade construindo igrejas, fundando faculdades, doando bibliotecas e apegando-se firmemente a uma religião formalizada. Olhe ao seu redor!

Recapitulando: se seu trabalho for incerto, questionável ou desagradável, você manterá o equilíbrio verdadeiro abandonando sua vocação e voltando-se para a gratificação que lhe é devida e que seu trabalho diário nega, e que então você encontra na religião. Eu não digo que isso é sempre assim, mas é muito frequente. Grandes pecadores tendem a ser muito religiosos; e, inversamente, os melhores homens que já viveram estão em guerra contra as religiões estabelecidas. Além disso, os melhores homens nunca são encontrados nas igrejas.

Homens profundamente imersos em seu trabalho, cujas vidas são consagradas a realizações, que são simples, honestos e sinceros, não desejam uma religião formal, não precisam de padre nem de pastor, e não buscam gratificação fora de suas vidas diárias. Tudo o que eles pedem é para serem deixados em paz, desejam apenas o privilégio de trabalhar.

Quando Samuel Johnson, em seu leito de morte, fez Joshua Reynolds prometer que não faria nenhum trabalho no domingo, é claro que ele não tinha ideia da verdade, de que Reynolds alcançou por meio do trabalho a mesma condição mental que ele, Johnson, alcançou indo à igreja. Johnson desprezava o trabalho, e Reynolds adorava; Johnson considerava um dia da semana sagrado; para Reynolds, todos os dias eram sagrados – sagrados para o trabalho; isto é, para expressão do seu melhor. Por que deveria parar de expressar o que é mais sagrado e mais elevado em um domingo? Ah, eu sei, porque você não trabalha no domingo: é porque acha que o trabalho é degradante, porque sua venda e escambo são fundamentados em fraude e seus produtos são de má qualidade. Seus negócios durante a semana pesam como uma mortalha sobre sua consciência, e você precisa de um dia para se livrar do cansaço da escravidão sob a qual vive. Você mesmo não é livre, e insiste que os outros também não devem ser.

Você deixou de tornar seu trabalho agradável, você labuta e faz outros labutarem com você, e todos vocês quase desmaiam de cansaço e desgosto. Você é escravizado e proprietário de escravos, pois possuir escravos é ser um.

Mas o artista é livre e trabalha com alegria, e para ele todas as coisas são boas e todos os dias são sagrados. Os grandes inventores, pensadores, poetas, músicos e artistas foram todos homens de natureza religiosa profunda; mas sua religião nunca foi uma religião formalizada, restrita e ossificada. Eles não veneravam em horários e lugares determinados. A religião deles era um florescimento natural e espontâneo do intelecto e das emoções, pois eles trabalhavam com amor, não apenas um dia na semana, mas todos os dias, e para eles os bosques sempre foram os primeiros templos de Deus.

Vamos trabalhar para tornar os homens livres! Eu sou mau por querer que você seja livre e que trabalhe com alegria em vez de medo?

Não hesite em trabalhar aos domingos, assim como você teria bons pensamentos se o espírito o inspirasse; pois o trabalho é, no fim, apenas a expressão do seu pensamento, e não pode haver religião melhor do que um bom trabalho.

Iniciativa

O mundo concede grandes prêmios, tanto em dinheiro quanto em honras, por apenas uma coisa: a Iniciativa. O que é Iniciativa? Vou lhe dizer: é fazer a coisa certa sem que ninguém ordene. Mas depois de fazer a coisa certa sem que ninguém ordene, é fazer a coisa certa quando alguém ordenar na primeira vez. Ou seja, leve a *Mensagem a Garcia*[21]! Existem aqueles que nunca fazem nada até que sejam ordenados duas vezes, estes não recebem honras e ganham pouco. Em seguida, há aqueles que fazem a coisa certa apenas quando a necessidade surge, e estes obtêm indiferença em vez de honras e uma ninharia de pagamento. Esse tipo passa a maior parte do tempo polindo uma bancada, contando uma história de má sorte. Então, ainda mais abaixo na escala, encontramos o sujeito que não

---

[21] *A Message to Garcia* é um ensaio escrito em 1899 por este autor. A expressão significa, resumidamente, que você deve tomar iniciativa para realizar suas tarefas sem esperar instruções para completá-las. (N.T.)

faz a coisa certa mesmo quando alguém lhe mostra como fazer, e ainda fica para conferir se ele o faz; ele está sempre desempregado e recebe o desprezo que merece, a menos que tenha um pai rico, caso em que o Destino o aguarda com um bastão nas mãos. A qual classe você pertence?

A Garota Insolente

O dramaturgo mais famoso da Inglaterra, George Bernard Shaw, colocou no pelourinho das letras o que ele tem o prazer de chamar "A Garota Insolente".

E ele fez isso por meio de um processo rápido e seco, de maneira que certamente o responsabiliza por difamação no tribunal da alta sociedade.

Digo o tribunal da alta sociedade com cautela, porque somente em uma alta sociedade a Garota Insolente poderia ter um papel proeminente, assumindo o centro do palco. A alta sociedade, na acepção de sociedade, é construída sobre o vazio; seu favorecimento vai para aqueles que revelam uma boa capacidade de desperdiçar e consumir. Aqueles que colocam seus nomes no topo da lista de honra da alta sociedade não precisam ser nem úteis nem inteligentes, precisam apenas aparentar.

E isso dá à Garota Insolente sua oportunidade. Na fábrica de caixas de papel, ela teria que desempenhar bem seu trabalho; *Cluett, Coon & Co.* exigem resultados; o palco demanda pelo menos um mínimo de intelecto, além da fisionomia, mas a alta sociedade não pede nada além de pretensão, e as palmas são atribuídas ao bajulador. Mas não imagine, por favor, que a Garota Insolente não exerça influência. Este é o ponto exato: sua influência é tão abrangente que George Bernard Shaw, atribuindo a diversidades da vida a forma de dramas, não poderia escrever uma peça e deixá-la de fora.

Ela está sempre conosco; em todo o tempo e lugar, onisciente e onipresente é a Garota Insolente. Ela é uma decepção para seu pai, uma fonte de humilhação para sua mãe, uma praga para seus irmãos e irmãs, e quando ela finalmente se casa, lentamente suga a inspiração de seu marido e muito frequentemente converte um homem orgulhoso e ambicioso em um sujeito fraco e covarde.

Apenas na alta sociedade a Garota Insolente brilha, em todos os outros lugares ela é uma miserável fracassada. A tão alardeada Gibson Girl[22] é uma espécie de edição de luxo da Garota Insolente de Shaw. A Gibson Girl relaxa, esquiva-se das obrigações, faz beicinho, chora, é respondona, fica à espreita, sonha, come, bebe, dorme e boceja. Ela anda de carro com um casaco vermelho, joga golfe com um suéter sensual, perambula na varanda de um hotel e pode dedilhar algumas notas no piano, mas você nunca ouvirá falar dela fazendo algo útil ou dizendo algo inteligente. Ela joga *bridge*, "retém" quando ganha e "fica devendo" quando perde, e sua foto em meio-tom lisonjeiro frequentemente adorna uma página do *Sunday Yellow.*

---

[22] Criada pelo ilustrador americano Charles Dana Gibson (1867-1944), a Gibson Girl é um ideal de beleza feminina, ao mesmo tempo que é uma mulher independente. (N.T.)

Ela revela uma bela capacidade de evitar todo esforço útil.

Gibson dourou a Garota Insolente.

Shaw retrata-a como ela é.

Na obra *Casa de bonecas*, Henrik Ibsen[23] nos deu Nora Hebler, uma Garota Insolente de idade madura, que, sem dúvida, foi o primeiro a definir o pensamento de George Bernard Shaw. Então, olhando em volta, Shaw a viu em cada esquina, em cada palco, em sua existência de mariposa e borboleta.

E a Garota Insolente estando em toda parte, Shaw, observador do caráter humano, não poderia escrever uma peça e deixá-la de fora, assim como o artista Turner não poderia pintar um quadro e deixar o homem de fora, ou Paul Veronese produzir uma tela e omitir o cachorro.

A Garota Insolente é uma fêmea do gênero *Homo* persuasão, concebida com um aparelho digestivo que possui acentuada propensão ao *marshmallow*. Ela é bonita, tem nariz empinado, pele rosada, é ousada e poética; e à primeira vista, para os desavisados, ela mostra sinais de gentileza e inteligência. A idade dela é algo entre 18 e 28 anos. Aos vinte e oito anos, ela começa a evoluir para algo mais, e sua capacidade de causar danos é amplamente reduzida, porque a essa altura o espírito já se compôs em sua forma e feições, e a grosseria e a animalidade que antes eram dissimuladas se tornam aparentes.

O hábito se estampa no rosto, e o corpo é uma máquina de gravação automática.

Para ter uma bela velhice, deve-se viver uma bela juventude, pois nós mesmos somos a posteridade, e cada homem é seu próprio

---

[23] Henrik Johan Ibsen (1828-1906) foi um dramaturgo norueguês, um dos criadores do teatro realista moderno, autor da peça *Casa de bonecas*, de1879. (N.T.)

ancestral. Hoje sou o que sou porque ontem fui o que fui. A Garota Insolente é sempre bonita, pelo menos nos disseram que ela é bonita, e ela aceita de bom grado o elogio.

Ela também tem escutado dizerem que é inteligente, e pensa que é.

A verdade é que ela é apenas "atrevida".

A bela chama da juventude tende a tornar o sexo desenfreado, mas ela não é "imoral", exceto na mente dela.

Ela tem cautela à beira da covardia e, por isso, ela não tem medo nem censura. Em público ela finge ser elegante; mas sozinha, ou com aqueles cuja opinião ela não se importa, ela é descortês, grosseira e sensual em todos os aspectos de sua vida. Ela come demais, não se exercita o suficiente e acha divertido deixar que outras pessoas a sirvam e façam por ela coisas que ela deveria fazer por si mesma. Seu quarto é uma desordem. O único vislumbre de esperança para ela reside no fato de que, por vergonha, ela não permite que nenhum visitante entre em seu apartamento, se ela puder evitar. O egoísmo concreto é sua marca principal. Ela vai evitar responsabilidades e todo dever que exija esforço honesto; ela é mentirosa, dissimulada, indolente e desonesta.

– O que está comendo? – pergunta o marido de Nora Hebler quando ela entra na sala, não esperando encontrá-lo ali.

– Nada. – É a resposta, e ela esconde a caixa de bombons atrás dela, e logo sai da sala.

Acho que o senhor Hebler não tinha nada que perguntar o que ela estava comendo – nenhum homem deveria fazer essa pergunta a nenhuma mulher, e realmente não faria nenhuma diferença. Mas Nora está sempre na defensiva e inventa respostas quando é necessário, e quando não é também, apenas por hábito. Ela esconde uma carta escrita por sua avó tão rápida e habilmente como se fosse a carta de um amante secreto. O hábito de sua vida é o da suspeita, pois sendo ela própria internamente culpada, ela suspeita de todos, embora seja bem provável que um crime jamais tenha passado de seu pensamento para a ação. Nora vai vasculhar os bolsos do marido, ler seu caderno, examinar suas cartas e, quando ele viaja, ela passa o dia checando sua escrivaninha, para a alegria de sua alma, com uma cópia das chaves.

Às vezes ela deixa escapar dicas de conhecimento sobre coisas insignificantes que não se referem a ela, apenas para intrigar as pessoas. Também faz coisas estranhas e irritantes simplesmente para ver como os outros vão reagir.

Em certa medida, o marido de Nora fixou na natureza dela o vício da delicadeza, pois, quando até uma mulher "íntegra" é acusada, ela se esquiva usando truques e ganha seu ponto com o talento da reclusão. Mulheres e homens nunca estão realmente muito afastados, e as mulheres são em grande parte o que os homens fizeram delas.

Todos nós estamos apenas nos livrando de nossas algemas; ouça com atenção, em qualquer lugar, mesmo entre pessoas honestas e intelectuais, se é que existem, e você poderá detectar o barulho de correntes.

A mente e a alma da Garota Insolente não acompanharam o ritmo de seu corpo. Ontem ela era uma escrava, vendida em um mercado caucasiano, e a liberdade para ela é tão nova e estranha que não está familiarizada com seu ambiente e não sabe o que fazer.

A tragédia que ela causa, segundo George Bernard Shaw, está no fato de que muitas vezes bons homens, cegos pelo glamour do sexo, imaginam amar a Garota Insolente, quando o que amam é o seu próprio ideal, a imagem que criam em suas mentes.

AMOR, VIDA E TRABALHO

A natureza é tanto trapaceira quanto humorista, e sempre coloca a vontade da espécie além do discernimento do indivíduo. O picador tem de vendar seu cavalo para levá-lo até a arena, e da mesma forma, Dan Cupido se faz o míope com um propósito.

Pelo que sabemos, a adorável Beatriz, de Dante, era apenas uma Garota Insolente, revestida da fantasia de um poeta, idealizada por um sonhador. Feliz foi Dante, que a idolatrava a distância, e nunca a conheceu bem o suficiente para não se deixar enganar, e assim seguiu pela vida apaixonado pelo amor, sensível, santo, docemente triste e divinamente feliz em sua melancolia.

O neutro

Conheço uma empresa proeminente que, pela força de sua franqueza e valor, tem atraído a inimizade de muitos competidores. Na verdade, existe uma verdadeira conspiração geral para derrubar a instituição e acabar com ela. Conversando com um jovem empregado desta empresa, ele bocejou e disse:

– Oh, nessa disputa eu sou neutro.

– Mas você obtém seu pão de cada dia nesta empresa, e em um assunto que diz respeito à própria vida da instituição, você se diz neutro?

E ele mudou de assunto.

Acho que, se me alistasse no exército japonês, eu não seria neutro.

Os negócios são uma luta contínua, assim como a vida. O homem atingiu seu atual grau de desenvolvimento por meio da luta, que deve existir e sempre existirá. A luta começou como um embate puramente físico, mas à medida que o homem evoluiu, ela atingiu também o psíquico e o espiritual, com alguns traços ainda remanescentes de inclinação para homem das cavernas. Mas pode ter certeza, a luta sempre existirá – a vida é dinâmica. E mesmo uma luta para fazer o bem, ainda assim é uma luta. Quando a inércia o dominar, é hora de ligar para o agente funerário.

O único verdadeiro "neutro" neste jogo da vida é um morto.

Vigilância Eterna não é apenas o preço da liberdade, mas de todas as outras coisas boas.

Um negócio que não é protegido por homens ativos, alertas, atentos e vigilantes está falido. Assim como o oxigênio é o princípio desintegrante da vida, trabalhando dia e noite para dissolver, separar, desmembrar e dissipar, há algo nos negócios que tende continuamente a dispersar, destruir e transferir a posse de um homem para outro. Um milhão de ratos mordiscam eternamente cada empreendimento.

Os ratos não são neutros, e se um número suficiente de empregados em uma empresa for neutro, toda a empresa acabará eventualmente desabando sobre eles.

Gosto desta ordem do Marechal Oyama: "Dê a todo homem neutro honrado que você encontrar em nossas linhas, o honrado golpe de jiu-jítsu".

Reflexões sobre progresso

Renan disse que a verdade é sempre rejeitada quando um homem a encara pela primeira vez. Primeiro, dizemos que a ideia é uma heresia e contrária à Bíblia, depois dizemos que o assunto realmente não significa nada; e, por fim, declaramos que sempre acreditamos nisso.

Há duzentos anos, as parcerias nos negócios eram muito raras. Um homem de negócios simplesmente fabricava e vendia seus produtos, e toda a fabricação era feita por ele e sua família. Rapidamente, encontramos exemplos de irmãos que continuaram a obra que o pai havia começado, como no caso dos Elzevirs e dos Plantins, os grandes corretores de apostas da Holanda. Para enfrentar essa competição, quatro gráficas, em 1640, firmaram uma parceria e uniram esforços. Um escritor local chamado Van Krugen denunciou esses quatro homens e fez ataques ofensivos às parcerias em geral, chamando-os de traiçoeiros e ilegais, e dizendo que se opunham aos melhores interesses do povo. Essa visão parece ter sido bastante geral, pois havia uma lei em Amsterdã proibindo todas as sociedades que não fossem licenciadas pelo Estado. A legislatura do estado de Missouri também fez guerra a uma loja de departamentos da mesma forma, usando o antigo argumento de Van Krugen como fundamentação, pois não há direitos autorais sobre a estupidez.

Em Londres, no século XVII, homens considerados culpados de unir esforços e dividir os lucros foram condenados por lei e punidos por "contumácia, contravenção e conivência", e sofreram punição em praça pública.

Quando as corporações foram formadas pela primeira vez, há apenas alguns anos, houve um rompante de desaprovação. A corporação foi declarada um esquema de opressão, um polvo faminto, um moedor do indivíduo. E para provar o caso, vários exemplos de privação foram citados; e sem dúvida houve muito sofrimento, pois muitas pessoas nunca são capazes de se ajustar às novas condições sem sentir dor e desapontamento.

Mas agora acreditamos que as corporações surgiram porque eram necessárias. Os tempos exigiam certas mudanças que apenas um ou dois homens não poderiam realizar, e assim surgiu a corporação. A ascensão da Inglaterra como nação manufatureira começou com o plano da sociedade anônima.

A agregação conhecida como sociedade por ações, todos agora estão dispostos a admitir, era absolutamente necessária para garantir a segurança do maquinário, das ferramentas, do estoque bruto, dos prédios, e assim garantir a continuidade do empreendimento.

O sistema ferroviário da América construiu o país. A prosperidade tem girado em torno da iniciativa de sociedades por ações

ELBERT HUBBARD

e transporte. "A comercialização consiste em transportar os itens de onde são abundantes para onde são necessários", diz Emerson.

Existem dez combinações de capitais nesse país que controlam mais de seis mil milhas de ferrovias cada uma. Essas empresas têm conduzido um grande número de pequenas linhas; e muitas linhas de conexão têm sido construídas. A competição em vastas partes do país tem sido praticamente destruída, e isso tem sido feito tão discretamente que poucas pessoas ficaram cientes da mudança. Apenas o resultado geral desta consolidação da gestão foi sentido, que é um serviço melhor e menos dispendioso. O caminho para o sucesso reside em servir o público, não em afrontá-lo. De nenhuma outra maneira o sucesso é possível, e essa verdade é tão clara e evidente que até pessoas muito simples são capazes de reconhecê-la. Você apenas pode ajudar a si mesmo ajudando os outros.

Trinta anos atrás, quando P.T. Barnum[24] disse: "O público tem prazer em ser enganado", ele sabia que não era verdade, pois nunca tentou colocar o axioma em prática. Ele divertia o público contando uma mentira, mas P.T. Barnum nunca tentou algo tão arriscado quanto trapacear. Mesmo quando ele mentia, não éramos enganados; a verdade pode ser declarada indiretamente. "Quando meu amor me diz que ela só diz a verdade, eu acredito nela, embora saiba que ela minta." Barnum sempre oferecia mais do que anunciava; e percorrendo continuamente o mesmo território, ele continuou a entreter e instruir o público por quase quarenta anos.

Essa tendência a cooperar é vista de maneira esplêndida na Estação Saint Louis Union, por exemplo, onde vinte grandes companhias ferroviárias deixam de lado a inveja, o preconceito,

---

[24] Phineas Taylor Barnum (1810-1891) foi um empresário americano do ramo do entretenimento. (N.T.)

AMOR, VIDA E TRABALHO

a rivalidade e os caprichos e usam um único terminal. Se a competição fosse realmente a vida do negócio, cada companhia ferroviária teria uma estação própria em Saint Louis, e o público teria a preocupação, o trabalho, as despesas e a demora interminável de encontrar seu terminal e descobrir como chegar lá. Como está agora, todo o objetivo do esquema é reduzir o conflito, as preocupações e despesas, e dar ao público a melhor acomodação, o melhor serviço possível, para tornar a viagem fácil e a vida segura. Servidores uniformizados encontram-se com você quando você desembarca e respondem a todas as suas perguntas, apressando-o gentilmente em seu caminho. Há mulheres para cuidar de mulheres, amas para cuidar de crianças e cadeiras de rodas para os enfermos ou deficientes físicos. A intenção é servir, e não o empurrar de um lado para o outro e vender-lhe uma passagem para determinado percurso. Você é livre para escolher sua rota, e para utilizar, como se fosse seu, este grande empreendimento que custa um milhão de dólares e que exige a presença de centenas de pessoas para mantê-lo. Tudo é para você, para uso público, e só se tornou possível por meio de uma unicidade de objetivo e desejo, ou seja, a cooperação. Antes de a cooperação se estabelecer, sempre houve competição que ameaçava destruir e prometia o caos; então, para escapar da ruína, os homens elaboraram um plano que conserva e economiza, que é a base da cooperação.

À medida que a humanidade se multiplica, crescem em enorme proporção as necessidades da pessoas. A humanidade sempre ofereceu recompensas em fama e dinheiro, formas reconhecidas de poder, para aqueles que lhe fornecessem melhores produtos ou soluções. O homem que estuda as sociedades e descobre o que as pessoas realmente querem, e então lhes proporciona isso, seja uma ideia ou um produto, é coroado com a coroa de louros da honra e vestido com riquezas. Mas o que as pessoas precisam e o que desejam pode ser muito diferente. Oferecer às pessoas algo que você acha que elas precisam, mas que elas não querem, é ter sua cabeça pendurada em uma lança e seus ossos enterrados numa vala comum. Mas espere! O mundo ainda vai querer aquilo de que precisa, e seus ossos se tornarão relíquias sagradas. Essa mudança de desejo por parte da humanidade é o resultado do crescimento do intelecto. O resultado disso é o progresso, e progresso é evolução.

Há homens que estão continuamente tentando impulsionar o progresso: chamamos esses indivíduos de "Reformadores". Depois, há outros que sempre se opõem ao Reformador; o nome mais brando que temos para eles é "Conservador".

O Reformador pode ser um salvador ou um rebelde, tudo depende de seu sucesso, ou não, e do seu ponto de vista. Ele é o que é, independentemente do que os outros pensem dele. Aquele que é indiciado e executado como rebelde, frequentemente depois recebe a palavra "Salvador" esculpida em sua lápide; e às vezes os homens que são aclamados como salvadores em seus dias de glória são posteriormente considerados impostores, a saber, charlatães. A conservação é um plano da Natureza. Manter o que é bom é conservar. Um Conservador é o homem que aciona o freio quando acha que o progresso vai colocar a civilização no buraco e arruinar tudo.

Conservadores são necessários, mas na língua de Koheleth[25], há tempo para acionar o freio e há tempo para se abster de acioná-lo. Travar as rodas continuamente é ficar parado, e ficar parado é o

---

[25] Koheleth é o nome em hebraico para Eclesiastes. O autor se refere à passagem bíblica Eclesiastes 3. (N.T.)

mesmo que recuar. O progresso precisa do guarda-freios, mas este não deve ocupar todo o seu tempo travando os freios.

O Conservador é tão necessário quanto o Radical. O Conservador evita que o Reformador aja rápido demais e colha a fruta antes que esteja madura. Os governos somente são bons onde há forte oposição, assim como os planetas, que são mantidos no lugar pela oposição de forças. E assim a civilização avança com paradas e recomeços, empurrada pelos Reformadores e contida pelos Conservadores. Um é necessário ao outro, e muitas vezes eles mudam de lugar. E a civilização avança e avança para sempre, impulsionada por essas mudanças.

No comércio, temos o Trabalhador Individual, a Sociedade, a Corporação e também o Truste. O Truste é resultado de corporações que formam uma parceria. A finalidade maior é a evolução, um movimento adiante. Tudo é para o homem, e tudo é feito por ele, com o consentimento e a aprovação dele. Os Trustes foram feitos pelo povo, que pode e vai desfazê-los caso se mostrem uma máquina de opressão. Eles existem apenas durante o bom comportamento e, como os homens, vivem sob uma sentença de morte, com um indulto indefinido. Os Trustes são bons porque são economizadores de energia, eles eliminam o desperdício, aumentam a produção e tornam o pânico do inesperado praticamente impossível.

O próximo movimento da evolução será a era do Socialismo, que significa a operação de todas as indústrias pelo povo e para o povo. Socialismo é cooperação em vez de competição. A competição tem sido tão comum que os economistas a confundiram com uma lei da natureza, quando era apenas um incidente. A competição não é uma lei da natureza, assim como o ódio também não é. No passado, o ódio foi tão profundamente acreditado que demos a ele personalidade, e o chamamos de Diabo. Banimos o Diabo ao educar as pessoas para que saibam que quem trabalha não tem tempo para odiar e não precisa temer e, por este mesmo meio – a educação –, o povo estará preparado para a era do Socialismo.

Os Trustes agora estão preparando o caminho para o Socialismo. O Socialismo é um truste de trustes.

A humanidade está crescendo em intelecto, paciência, bondade e amor. E quando chegar a hora, o povo vai intervir e tomar posse pacífica de sua propriedade, e a Comunidade Cooperativa dará a cada um o que lhe é devido.

Simpatia, Conhecimento e Equilíbrio

Simpatia, Conhecimento e Equilíbrio parecem ser os três ingredientes mais necessários para a formação do Homem Gentil. Nenhum homem é grande se não tiver Simpatia, e a grandeza dos homens pode ser calculada, com certeza, por suas simpatias. Simpatia e imaginação são irmãs gêmeas. Seu coração deve se abrir a todos os homens, os nobres, os humildes, os ricos, os pobres, os eruditos, os iletrados, os bons, os maus, os sábios e os insensatos – é necessário ser único com todos eles, ou você nunca poderá compreendê-los. Simpatia! Essa é a pedra de toque de cada segredo, a chave para todo o conhecimento, o abre-te sésamo de todos os corações. Coloque-se no lugar do outro e então saberá por que ele pensa e age de determinada forma. Coloque-se no lugar dele e suas reservas se dissolverão em piedade, e suas lágrimas limparão o registro das ofensas dele. Os salvadores do mundo simplesmente têm sido homens com extraordinária simpatia.

Mas o Conhecimento deve acompanhar a Simpatia, do contrário os sentimentos se tornarão piegas, e a piedade pode ser desperdiçada em um animal em vez de em uma criança, ou em uma alma humana. Usar o conhecimento é sabedoria, e sabedoria implica um senso de valores, reconhecimento de que se alcança algo maior por meio de algo menor, algo valioso por meio de algo trivial. Tragédia e comédia são simplesmente questões de valor: um pouco de desajuste na vida nos faz rir, mas um grande desajuste é tragédia e manifestação de sofrimento.

O Equilíbrio é a força do corpo e da mente para controlar sua Simpatia e seu Conhecimento. É preciso controlar as emoções, senão elas transbordam e o sufocam. A Simpatia não deve ser desenfreada, ou ela perde seu valor e indica fraqueza em vez de força. Em todo hospital para distúrbios nervosos podem ser encontrados muitos exemplos da perda de controle. O indivíduo tem Simpatia, mas não tem Equilíbrio, então, sua vida deixa de ter valor para ele e para o mundo. Ele simboliza ineficiência e não utilidade.

O Equilíbrio se revela mais na voz do que nas palavras; mais em pensamento do que em ação; mais na atmosfera do que na vida consciente. É uma qualidade espiritual. Não é uma questão de tamanho, atitude corporal, roupas, nem de formosura pessoal: é um estado interior de ser e de saber que sua causa é justa. E então você percebe que, afinal, é um assunto importante e profundo, grande em suas ramificações, sem limites em extensão, implicando em toda a ciência do bem viver. Certa vez, conheci um homem cuja estatura era um pouco mais alta do que a de um anão, mas ele tinha Seriedade Espiritual, tinha Equilíbrio, e ao entrar em uma sala onde ele estava, podia-se sentir sua presença e reconhecer sua

AMOR, VIDA E TRABALHO

superioridade. Permitir-se desperdiçar a Simpatia com pessoas e situações indignas é esgotar as próprias forças vitais.

O Equilíbrio, sendo o controle de nossa Simpatia e Conhecimento, implica a posse desses atributos, pois sem ter Simpatia e Conhecimento você não tem nada para controlar, a não ser seu corpo físico. Praticar o Equilíbrio como um mero exercício de ginástica, ou estudo de etiqueta, é ser inseguro, inflexível, disparatado e ridículo. Aqueles que recorrem a truques tão fantásticos diante do alto céu, como fazer anjos chorarem, são homens destituídos de Simpatia e Conhecimento tentando cultivar o Equilíbrio. Sua ciência é uma mera questão do que fazer com braços e pernas. Equilíbrio é uma questão de o espírito controlar a carne, de o coração controlar a atitude.

A melhor maneira de obter Conhecimento é aproximando-se da Natureza, e o homem que entende essa relação é quem melhor serve sua espécie. Simpatia e Conhecimento são valores que você pode adquirir e deve distribuir; o que você acumular, pode doar. E como Deus lhe deu as bênçãos sublimes de Simpatia e Conhecimento, surgirá a você o desejo de revelar sua gratidão, oferecendo-os novamente; pois o homem sábio está ciente de que retemos qualidades espirituais apenas quando as doamos. Deixe sua luz brilhar!, pois ao que tem, mais lhe será dado[26]. O exercício da sabedoria traz sabedoria; e, enfim, a quantidade infinitesimal do conhecimento do homem em comparação com o Infinito, e a insignificância da Simpatia do homem quando comparada com a fonte da qual o nosso conhecimento é absorvido, vão desenvolver uma abnegação e uma humildade que proporcionarão um Equilíbrio perfeito. O homem gentil é aquele com Simpatia, Conhecimento e Equilíbrio perfeitos.

---

[26] Passagem bíblica de Marcos 4:25. (N.T.)

Amor e Fé

Nenhuma mulher é digna de ser uma esposa se, no dia de seu casamento, não se perder absoluta e inteiramente em uma atmosfera de amor e perfeita confiança; a suprema sacralidade da relação é o único sentimento que, naquele momento, deve possuir sua alma.

As mulheres não devem "obedecer" aos homens mais do que os homens devem obedecer às mulheres. Existem dois requisitos em todo casamento feliz; o primeiro é a Fé e o outro é a Confiança. Nada enaltece tanto um homem quanto uma mulher acreditar nele, nada agrada tanto a uma mulher quanto o homem depositar confiança nela.

Obedecer? Deus me ajude! Sim, se eu amasse uma mulher, todo o querer do meu coração seria o de obedecer ao seu menor desejo. E como eu poderia amá-la se não tivesse inteira confiança de que ela só aspira por aquilo que é bom, verdadeiro e correto? E para permitir que ela reconhecesse esse ideal, seu desejo seria para mim um mandamento sagrado; e sei que sua atitude mental para comigo seria a mesma. E a única rivalidade entre nós seria sobre quem poderia amar mais; e o desejo de obedecer seria o impulso controlador de nossas vidas.

Ganhamos liberdade dando-a, e aquele que concede fé recebe-a de volta com juros. Negociar e estipular no amor é perder.

A mulher que interrompe a cerimônia de casamento e pede ao ministro que omita a palavra "obedecer" está plantando a primeira semente de dúvida e desconfiança que mais tarde poderá ser usada contra ela no tribunal de divórcio.

Os regateios e querelas por acordos e dotes que geralmente precedem o casamento de "sangue" e "dólares" são as advertências ignoradas de que a miséria, a angústia, o sofrimento e a desgraça aguardam os protagonistas.

Fé perfeita implica amor perfeito; e o amor perfeito expulsa o medo. É sempre o medo da imposição e também uma intenção oculta de dominar que leva a mulher a discutir sobre a palavra "obedecer": isso pode ser ausência de amor, uma limitação, uma incapacidade de amar. O preço de um amor perfeito é uma renúncia absoluta e completa.

Guarde parte do valor, e o seu destino será o mesmo de Ananias e Safira[27]. Sua condenação é rápida e segura. Para ganhar tudo, devemos doar tudo.

---

[27] Passagem bíblica, Atos 5:1-11. (N.T.)

Dar algo sem esperar nada em troca

Dar a um homem algo em troca de nada tende a deixá-lo insatisfeito consigo mesmo, e quando um indivíduo está insatisfeito consigo mesmo, ele fica insatisfeito com o mundo inteiro – e com você.

Seus inimigos são aqueles a quem você já ajudou.

A disputa de um homem com o mundo é apenas uma disputa consigo mesmo. Quando estamos infelizes, é muito forte a inclinação de transferir a culpa para outro e de se apropriar do crédito; especialmente as mulheres costumam atribuir sua infelicidade ao outro, em geral, ao homem. E muitas vezes o problema é que esse homem tem dado muito a ela em troca de nada.

Essa é uma verdade reversível, de ação inversa, que funciona para homens e mulheres.

Ninguém, exceto um mendigo, tem ideias realmente definidas sobre seus direitos. Pessoas que dão muito, que amam muito, não negociam. A forma de afeto que incita barganhas desonestas e faz exigências, recebe um cheque sem saldo do banco. Não há nada tão caro quanto algo que você ganha a troco de nada.

Meu amigo Tom Lowry[28], magnata em Minneapolis e no lado leste de Wall Street, teve recentemente uma pequena experiência que prova meu ponto de vista.

Um pedinte robusto, um espécime da nobreza decadente, certa vez procurou Tom, lamentando sobre seu infortúnio e, com uma Bíblia da Família, pediu um pequeno empréstimo, jurando sobre o Bom Livro. Ser compelido com tal juramento certamente derreteria um coração de pedra, e Tom ficou derretido. Ele concedeu o empréstimo e recusou a caução, afirmando que ele não precisava da caução naquele momento, o que por uma vez era a verdade de Deus.

Em poucas semanas, o homem voltou e tentou contar para Tom sobre sua história miserável, sobre a fria ingratidão de um mundo cruel. Tom disse:

– Poupe-me da toada lenta e do recital, eu tenho meus próprios problemas. Preciso de alegria e bom ânimo. Pegue este dinheiro, e que a paz esteja com você.

– Que a paz seja multiplicada para você – disse o pedinte, e partiu.

No mês seguinte, o homem voltou e começou a contar a Tom uma história de crueldade, injustiça e ingratidão. Tom estava irritado, ele tinha seu negócio de magnata para cuidar, e fez uma observação enfática. O pedinte disse:

---

[28] Thomas Lowry (1843-1909) foi um magnata americano do mercado imobiliário. (N.T.)

– Senhor Lowry, se o seu negócio fosse um pouco mais bem sistematizado, eu não teria de incomodá-lo pessoalmente, por que não deixa falar com o seu caixa?

E o grande homem, que certa vez levou um grupo de amigos a uma corrida de cavalos, e, por hábito pessoal, arrecadou cinco centavos de cada convidado, ficou tão satisfeito com a ideia de alívio que chamou o funcionário disse:

– Coloque esse senhor Grabheimer na folha de pagamento, dê a ele dois dólares agora e o mesmo no primeiro dia de cada mês. – Então, voltando-se para o pedinte, Tom pediu: – Agora saia daqui rápido, anda! Dane-se você!

– O mesmo para você e para muitos – disse o senhor Escória educadamente, e retirou-se.

Tudo isso aconteceu há dois anos. O pedinte recebeu seu dinheiro regularmente durante um ano, e, em uma auditoria, Tom encontrou o nome dele na folha de pagamento e, como não conseguia se lembrar de como o nome aparecera ali, a princípio pensou que a folha de pagamento estava sendo adulterada. De qualquer forma, ele ordenou que o nome do pedinte fosse riscado da lista, e o ascensorista foi instruído a fazer cumprir o decreto contra pedintes.

Não tendo permissão para ver seu homem e receber seu dinheiro, o pedinte escreveu-lhe cartas denunciatórias, escandalosas, abusivas e ameaçadoras. Por fim, colocou o assunto diante de um membro da Lei, Jaggers, da firma *Jaggers & Jaggers*, que aceitou o caso mediante pagamento de uma tarifa de contingência.

O caso foi a julgamento, e Jaggers provou seu caso: foi demonstrado pelos registros do réu que o senhor Bactéria estava na folha de pagamento e seu nome tinha sido eliminado sem sugestão, pedido, causa, razão ou por culpa dele mesmo.

AMOR, VIDA E TRABALHO

O senhor Caranguejo aprovou o acordo, e Tom ficou com o prejuízo. Julgamento a favor do querelante, com custas. O pedinte ficou com o dinheiro, e o Tom de Minneapolis, com a experiência. Tom disse que o homem perderia o dinheiro, o que realmente aconteceu. Certamente o espírito de justiça não dorme e há uma Providência benéfica e sábia que zela pelos magnatas.

Trabalho e desperdício

Algumas verdades são evidentes por si mesmas: o homem foi feito para ser feliz; e a felicidade só é alcançável por meio de esforço útil. A melhor maneira de ajudar a nós mesmos é ajudar os outros e, muitas vezes, a melhor maneira de ajudar os outros é cuidar da nossa vida. O esforço útil significa o exercício adequado de todas as nossas faculdades, e crescemos apenas por meio do exercício. A educação deve continuar ao longo da vida, e as alegrias do empenho mental devem ser, especialmente, o consolo dos idosos. E finalmente, quando os homens alternam trabalho, diversão e estudo na proporção certa, os órgãos da mente são os últimos a falhar, e a morte para eles não tem terrores.

A posse de riqueza nunca pode isentar um homem do trabalho manual útil, e se todos trabalhassem um pouco, ninguém ficaria sobrecarregado. Se ninguém desperdiçasse, todos teriam o suficiente; se ninguém fosse superalimentado, ninguém passaria fome.

Os ricos e "intelectualizados" precisam de educação tanto quanto os pobres e analfabetos.

A presença de uma classe servil é um indício de desgraça para nossa civilização; e a desvantagem de ter uma classe servidora recai principalmente sobre aqueles que são servidos, e não sobre aqueles que servem, assim como a verdadeira maldição da escravidão caiu sobre os proprietários de escravos. As pessoas que esperam ser servidas não têm a devida consideração pelos direitos dos outros, e perdem tempo e recursos, que estarão perdidos para sempre, e que só podem aparentemente ser reparados por esforço humano adicional. A pessoa que vive do trabalho dos outros é realmente um sugador da vida humana e, portanto, não deve ser considerado melhor do que um canibal. Cada um de nós deve viver e fazer o que sabe fazer de melhor.

Classificar um dia entre os sete dias da semana como "sagrado" é realmente absurdo e serve apenas para afrouxar nosso controle sobre o presente tangível. Todos os deveres, ofícios e tarefas que são úteis e necessárias à humanidade são sagrados, e que nada além disso seja ou possa ser sagrado.

A lei da Obediência

O primeiro item do princípio do bom senso é a Obediência. Realize seu trabalho com todo o seu coração.

A revolta às vezes pode ser necessária, mas o homem que tenta misturar revolta e obediência está fadado a desapontar a si mesmo e a todos com quem se relaciona. Condimentar o trabalho com protesto é falhar absolutamente. Quando você se revolta, procure escalar, caminhar, sair, desafiar-se e mandar tudo e todos para o inferno! Isso resolve o caso. Assim, você se separa inteiramente daqueles a quem tem servido, ninguém vai entendê-lo mal, você se manifestou!

O homem que age com repulsa quando é ordenado a realizar uma tarefa que considera servil ou injusta pode ser um sujeito muito bom, mas no ambiente errado; mas o descontente que recebe sua ordem com um sorriso e depois secretamente desobedece, este é um perigo. Fingir obedecer e, ainda, levar no coração o espírito de

AMOR, VIDA E TRABALHO

revolta é realizar um trabalho de forma indiferente e desleixada. Se a revolta e a obediência são iguais em poder, isso não beneficiará ninguém, nem a si mesmo.

O espírito de obediência é o impulso controlador que domina a mente receptiva e o coração hospitaleiro. Há barcos que cuidam do leme e outros não. Aqueles que não o fazem, mais cedo ou mais tarde terão buracos no casco. Para se manter afastado das rochas, obedeça ao timão.

Obediência não é obedecer servilmente a este ou aquele homem, mas é um estado mental animado que responde à necessidade da situação, e realiza o que precisa ser feito sem resposta negativa, seja ela verbal ou expressa.

Obediência à instituição: isso é lealdade! O homem que não aprendeu a obedecer terá problemas pela frente a cada passo do seu caminho. O homem que não sabe receber ordens não está apto a transmiti-las a outros; mas o indivíduo que sabe executar as ordens que lhe são dadas está preparando o caminho para dar ordens e, melhor ainda, fazer com que sejam obedecidas.

Salvadores da sociedade

Há tempos, a sociedade cometeu o erro de pregar seu Salvador na cruz entre ladrões.

Ou seja, a sociedade reconheceu no Salvador uma qualidade de liderança muito perigosa, e sua carreira foi repentinamente interrompida.

Temos telefones e bondes elétricos, mas não viajamos muito para o reino do espírito, e nossa vida diária não nos deu nenhuma visão sobre o âmago das coisas. A sociedade é enfadonha e ignorante, muito carente de visão espiritual, tão tola e bestial que não sabe a diferença entre um ladrão e o Filho Unigênito. Em um esforço frenético para esquecer seu vazio, procura se distrair e começa a jogar pingue-pongue, jogos de tabuleiro, cartas e busca encontrar alívio e consolo em jogos de fichas.

Fomos informados por meio de manchetes notórias e reproduções fotográficas precisas sobre uma conferência realizada por líderes da sociedade para resolver um assunto de grave importância. Era para construir escolas técnicas e fornecer meios para uma educação prática e útil? Era um plano para construir habitações modernas segundo propostas científicas e sanitárias? Era para patrocinar várias pesquisas científicas que acrescentariam ao conhecimento humano e resultariam um benefício para a humanidade? Não, não era nada disso! Esse grupo de líderes se reuniu para determinar se a curva da cauda de determinado buldogue era natural ou havia sido produzida artificialmente.

Se o Salvador viesse hoje e pregasse o mesmo evangelho que Ele ensinou antes, a sociedade veria que Sua experiência se repetiria. De vez em quando ela pestaneja estupidamente e grita: "Fora com ele!", ou interrompe seu jogo de cartas a tempo suficiente de passar fel e vinagre em uma lança para Alguém que ela pressionou além dos limites.

Para uma mulher que amou muito, a sociedade só tem um veredicto: crucifica-a! O melhor e o pior estão pendurados em uma árvore. No abandono de um grande amor existe uma qualidade divina que coloca uma mulher muito perto do Santo dos santos, mas tal, não tendo cumprido com os decretos da sociedade, é empurrada sem cerimônia para o castigo, e a sociedade, como Pilatos, lava as mãos na fingida inocência.

Preparação para a velhice

Certa vez, um aluno perguntou a Sócrates:
– Que tipo de pessoa seremos quando alcançarmos o Elysium?
– Seremos o mesmo tipo de pessoa que éramos aqui – foi a resposta consistente.

Se há uma vida depois dessa, estamos nos preparando para ela agora, assim como eu estou me preparando hoje para meu dia de amanhã.

Que tipo de homem serei amanhã? Ah, quase o mesmo tipo de homem que sou agora. O tipo de homem que serei no mês que vem depende do tipo de homem que fui neste mês. Se estou infeliz hoje, não está dentro de um círculo de probabilidades que serei extremamente feliz amanhã. O Céu é um hábito. E se vamos para o Céu, é melhor nos acostumarmos.

A vida é uma preparação para o futuro; e a melhor preparação para o futuro é viver como se ele não existisse. Estamos nos

AMOR, VIDA E TRABALHO

preparando o tempo todo para a velhice. As duas coisas que tornam a velhice bela são a resignação e a justa consideração pelos direitos dos outros.

Na peça *Ivan, o Terrível* o interesse centra-se em torno de um homem, o czar Ivan. Se outro ator que não fosse Richard Mansfield[29] desempenhasse o papel, não haveria nada no personagem. Simplesmente temos um vislumbre da vida de um tirano que percorreu toda a gama de idiotice, mau temperamento, egoísmo e rancor. A propósito, esse homem tinha o poder de matar outros homens, e isso ele fazia conforme seu capricho e o que seu temperamento ditasse. Ele era vingativo, cruel, belicoso, tirânico e terrível. Todas as vezes quando ele sentia a aproximação da morte, queria fazer as pazes com Deus, mas ele adiou esse assunto por muito tempo e não percebeu na juventude e na meia-idade que estava se preparando para a velhice.

O homem é o resultado de causa e efeito, e as causas estão até certo ponto em nossas mãos. A vida é um fluido, e tem sido chamada de fluxo vital, estamos indo, fluindo para algum lugar. Dispa Ivan de suas vestes e coroa, e ele poderia ser um velho fazendeiro e viver em Ebenezer. Cada cidade e vila tem seu Ivan. Para ser um Ivan, apenas liberte seu temperamento e pratique a crueldade com qualquer pessoa ou coisa a seu alcance, e o resultado será uma preparação certa para uma velhice queixosa, briguenta, exigente, arrogante, agitada e tola, acentuada por muitas explosões de ira que são terríveis em sua inutilidade e ineficácia.

A infância não tem o monopólio da birra. Os personagens de *Rei Lear* e *Ivan, o Terrível* têm muito em comum. Quase se poderia

---

[29] Richard Mansfield (1857-1907) foi um ator inglês. (N.T.)

acreditar que o escritor de Ivan sentiu a incompletude de Lear, e imaginou o absurdo de fazer uma proposta melodramática por simpatia, em benefício deste velho expulso por suas filhas.

Lear, o controverso; Lear, de cuja língua solta saltavam constantemente palavras indecentes e nomes de baixo calão, não merece receber qualquer piedade de nossa parte. Durante toda a sua vida ele treinara suas três filhas exatamente para o tratamento que ele iria receber. Durante toda a sua vida, Lear lubrificara a rampa que lhe daria uma viagem rápida para aquela tempestade negra da meia-noite.

– Oh, como é mais afiado do que um dente de serpente ter um filho ingrato – ele lamenta.

Existe algo tão ruim quanto uma criança ingrata: é um pai ingrato, um pai colérico e irascível que tem um vocabulário de nível inferior e uma disposição para usá-lo.

A inconsistência em *Lear* reside em dar a ele uma filha como Cordelia. Tolstói e Mansfield soam verdadeiros, e *Ivan, o Terrível* é o que ele é, sem apologia, desculpas ou explicação. É pegar ou largar, se você não gosta de peças desse tipo, vá ver Vaudeville.

O Ivan de Mansfield é terrível. O Czar não é velho em idade, não passa dos setenta anos, mas você pode ver a Morte seguindo seu rastro bem de perto. Ivan perdeu a capacidade de descansar. Ele não consegue ouvir, ponderar e decidir, não tem nenhum pensamento ou consideração por qualquer homem ou coisa, este é o seu hábito de vida. Suas mãos ossudas nunca estão paradas, os dedos abrem e fecham, e beliscam coisas eternamente. Ele se atrapalha com a cruz em seu peito, ajeita as joias, tamborila com os dedos, levanta-se nervoso e olha para trás do trono, prende a respiração para ouvir. Quando as pessoas se dirigem a ele, ele as condena ferozmente se

AMOR, VIDA E TRABALHO

elas se ajoelham, e se ficam em pé, ele as acusa de falta de respeito. Ele pede que seja privado das preocupações do Estado e então treme de medo de que seu povo o tome por sua palavra. Quando solicitado a permanecer como governante da Rússia, ele amaldiçoa seus conselheiros e os acusa de sobrecarregá-lo com fardos que eles próprios não se empenhariam em carregar.

Ele é uma vítima do amor senil, e aqui mesmo, se Mansfield desse um passo a mais, seu realismo seria chocante, mas ele para no tempo e sugere o que não ousa expressar. Este velho cambaleante, trêmulo, babão e chorão está apaixonado: ele está prestes a se casar com uma linda jovem. Ele escolhe joias para ela, comenta sobre como ela ficaria bonita, zomba e ri em um falsete rachado. Na animalidade da juventude há algo de agradável, é natural, mas os vícios de um velho, quando se tornam apenas mentais, são os mais repulsivos.

As pessoas ao redor de Ivan têm um temor mortal dele, pois ele ainda é o monarca absoluto, ele tem o poder de promover ou desgraçar, de tirar suas vidas ou deixá-los partirem em liberdade. Eles riem quando ele ri, choram quando ele chora e observam seu humor fugaz com o coração acelerado.

Ele é intensamente religioso e veste o manto e o capuz de um padre. Em torno de seu pescoço está pendurado um crucifixo. Seu medo é morrer sem a oportunidade de confissão e absolvição. Ele ora ao alto céu a cada momento, beija a cruz e, num mesmo fôlego, sua velha boca desdentada interpõe orações a Deus e maldições ao homem.

Se alguém está falando com ele, ele olha para o outro lado, desliza até que seus ombros ocupem o trono, coça sua perna e mantém comentários de insulto: "Sim", "Ah", "Claro", "Certamente", "Hum",

"Ouça-o agora!" Há um lado cômico em tudo isso que alivia a tragédia e impede que a peça se torne repugnante.

Vestígios do passado de Ivan são trazidos em suas confissões tolas. Ele é o mais miserável e infeliz dos homens, e você percebe que ele está colhendo o que semeou. Durante toda a sua vida, ele se preparou para isso. Cada dia fora uma preparação para o dia seguinte. Ivan morre lançando maldições sobre sua família e a corte; morre em um acesso de cólera porque fora propositalmente ridicularizado por um homem que sabia que o surto certamente mataria o monarca enfraquecido.

Para onde vai "Ivan, o Terrível", quando a Morte finalmente fechar seus olhos?

Eu não sei. Mas acredito nisso: nenhum confessionário pode absolvê-lo, nenhum padre pode beneficiá-lo, nenhum Deus quer perdoá-lo. Ele mesmo se condenou, e começou a fazê-lo na juventude. Ele estava se preparando a vida inteira para essa velhice, e essa velhice estava se aprontando para o quinto ato.

O dramaturgo não diz isso, Mansfield também não diz, mas esta é a lição: o ódio é um veneno, a ira é uma toxina, a sensualidade leva à morte, o egoísmo arrebatado é uma chama dos fogos do inferno. É tudo uma preparação de causa e efeito.

Se alguma vez for absolvido, você deve se perdoar também, pois ninguém mais poderá fazê-lo. E quanto mais cedo começar, melhor.

Frequentemente ouvimos falar das belezas da velhice, mas a única velhice bela é aquela para a qual o homem há muito vem se preparando levando uma bela vida. Cada um de nós está se preparando neste momento para a sua velhice.

Deve haver um substituto para o Bom Caráter em algum lugar do mundo, mas não sei onde ele pode ser encontrado. O segredo da salvação é se manter Gentil.

Uma aliança com a natureza

Meu pai é médico há sessenta e cinco anos, e ainda pratica a medicina. Eu também sou médico. Tenho cinquenta anos; meu pai tem oitenta e cinco anos. Vivemos na mesma casa e diariamente cavalgamos juntos ou caminhamos pelos campos e bosques, e hoje, como nos outros dias, fizemos nosso pequeno passeio de oito quilômetros pelo campo.

Nunca fiquei doente um dia, nunca consultei um médico de maneira profissional e, na verdade, nunca perdi uma refeição por impossibilidade de comer. O autor de *Mensagem a Garcia* defende, esotericamente, a ideia de que a infusão de ervas quentes e pequenas doses de chá de lúpulo podem curar a maioria das doenças curáveis e, até agora, todas as suas próprias doenças têm sido curadas, algo que ele pode provar.

O valor da infusão de ervas reside no fato de que ela tende a equilibrar a circulação, sem mencionar a pequena questão de saneamento; e a eficácia do lúpulo reside em grande parte no fato de ser amargo e desagradável de tomar. Ambas as prescrições dão ao paciente o pensamento reconfortante de que algo está sendo feito por ele e, na pior das hipóteses, nunca poderão lhe causar um dano sério.

Meu pai e eu não concordamos totalmente sobre todos os temas da vida, então a existência para nós nunca se resolve com um humor monótono e neutro. Ele é batista e eu sou vegetariano. Ocasionalmente, ele se refere a mim como "imaturo", e recorremos diariamente à lógica para provar preconceitos, e a história é pesquisada para reforçar o preconceito, mas nos seguintes pontos importantes nos mantemos unidos, sólidos como um só homem:

Primeiro: Noventa e nove pessoas em cem que vão ao médico não têm doenças orgânicas, apenas sofrem de algum sintoma de sua própria imprudência.

Segundo: Indivíduos portadores de doenças, nove vezes em cada dez, estão sofrendo apenas dos efeitos nocivos acumulados pela medicação.

Terceiro: A maioria das doenças é o resultado de medicamentos que têm sido prescritos para aliviar e eliminar um sintoma benéfico e de advertência por parte da sábia Natureza.

A maior parte do trabalho dos médicos no passado consistia em prescrever para sintomas; e a diferença entre uma doença real e um sintoma é algo que o homem comum ainda não conhece. E a parte curiosa é que nesses pontos todos os médicos, entre si, estão totalmente de acordo. O que eu digo aqui é apenas o óbvio, trivial e rotineiro.

Amor, vida e trabalho

Na semana passada, conversando com um eminente cirurgião em Buffalo, ele disse:

– Já realizei mais de mil operações de laparotomia e meus registros mostram que em todas as ocasiões, exceto em casos de acidente, foi indicado ao indivíduo o que chamamos de "Hábito da Medicação".

As pessoas que você vê nas salas de espera dos consultórios médicos estão, na grande maioria dos casos, sofrendo de intoxicação por excesso de comida. Junto a isso, estão as consequências negativas por causa de respiração imperfeita, sono irregular, falta de exercícios e uso impróprio de estimulantes, ou pensamentos constantes de medo, ciúme e ódio. Todas essas coisas, ou qualquer uma delas, podem causar em muitas pessoas febre, calafrios, pés frios, congestão e eliminação irregular.

Administrar drogas a um homem que sofre de desnutrição causada pelo desejo de "se vingar" e pela falta de ar fresco é simplesmente agravar seus problemas, embaralhar suas enfermidades e prepará-lo para a anestesia e o bisturi.

A natureza está sempre tentando manter as pessoas bem, e a maioria das chamadas "doenças", palavra que significa simplesmente falta de tranquilidade, é autolimitada e tende a se curar. Se você tem apetite, não coma demais. Se você não tem apetite, não coma nada. Seja moderado no uso de todas as coisas, exceto ar fresco e luz do sol.

O único tema de Eclesiastes é a moderação. Buda escreveu que a palavra mais importante em qualquer idioma é equanimidade. William Morris disse que a melhor bênção da vida era um trabalho sistematizado e útil. São Paulo declarou que a melhor coisa do mundo era o amor. Moderação, Equanimidade, Trabalho e Amor: você não precisa de outro médico.

Ao afirmar isso, estabeleço uma proposição com a qual todos os médicos concordam; que foi expressa por Hipócrates, o pai da medicina, e então parafraseado por Epíteto, e que é conhecida por todo homem e mulher ajuizado como: Moderação, Equanimidade, Trabalho e Amor!

A questão do ex

As palavras às vezes são maculadas, caem em má reputação e são descartadas. Até os dias de Elizabeth Fry, nos registros oficiais da Inglaterra aparecia a palavra "manicômio". Então ela foi eliminada e a palavra "asilo" a substituiu. Depois de vinte anos, em vários estados da América, descartamos a palavra "asilo" e a substituímos por "hospital".

Em Jeffersonville, Indiana, está localizado um "Reformatório" que era conhecido como uma penitenciária alguns anos atrás. A palavra "prisão" tinha um efeito deprimente, e "penitenciária" lançou uma sombra teológica, e por isso essas palavras tiveram de desaparecer. À medida que nossas ideias sobre o mundo mudam, mudamos nosso vocabulário.

Há muitos anos, falamos sobre asilos para surdos e mudos; a palavra "mudo" foi agora eliminada de todos os documentos oficiais em todos os estados da União, porque descobrimos, com a ajuda de Gardner G. Hubbard[30], que nem todos surdos são mudos, e, por não apresentarem tal deficiência, certamente não precisam de um asilo. Eles precisam de escolas, por isso, em todos os lugares, estabelecemos escolas para surdos. Os surdos são pessoas tão capazes, competentes e aptos a ganhar a vida honestamente quanto o homem comum que pode ouvir.

A "sentença indeterminada" é um dos recursos mais sábios já criado para sustentar a penologia. E é somente a esta geração que deve ser dada a honra de usá-la pela primeira vez. O agressor é condenado a, digamos, um a oito anos. Isso significa que se o preso se comportar, obedecendo às regras, demonstrando desejo de ser útil, ele estará em "liberdade condicional" e será libertado ao final de um ano. Se ele se comportar mal e não provar sua aptidão para a liberdade, será detido por dois ou três anos, e possivelmente terá de servir os oito anos inteiros.

– Há quanto tempo você está preso? – perguntei a um detento em Jeffersonville, que estava cuidando das flores em frente aos muros.

– Eu? Ah, estou há dois anos, com o privilégio de catorze – foi a resposta do homem, dada com um sorriso.

O antigo plano de "redução de pena", permitindo dois ou três meses de redução a cada ano por bom comportamento, foi um movimento na direção certa, mas a sentença indeterminada logo será regra em todos os lugares para os réus primários.

A sentença indeterminada lança sobre o próprio homem a responsabilidade pela duração de seu confinamento e tende a aliviar o

---

[30] Gardner Greene Hubbard (1822-1897) foi um defensor da educação oral para surdos. Teve papel central na fundação da Clarke School for the Deaf em Northampton, Massachusetts, a primeira escola oral para surdos nos Estados Unidos. (N.T.)

AMOR, VIDA E TRABALHO

horror da vida na prisão, preservando a esperança. O homem tem a redução de pena constantemente no pensamento, e geralmente é muito cuidadoso para não fazer nada que a coloque em risco. A rebelião e a tentativa de fuga podem significar que todos os dias de toda a longa sentença deverão ser cumpridos. Então, mesmo as mentes mais sombrias e cruéis percebem que vale a pena fazer o que é certo; a lição está sendo passada para eles de forma nunca antes vista.

Nos velhos tempos, o preconceito dos homens de negócios contra os homens que haviam "cumprido pena" se devia principalmente à sua incompetência, e não ao seu histórico. Os métodos prisionais que tornaram o homem odioso, deprimido e amedrontado, oprimido pelo sistema silencioso e desvirtuado pelo sistema solitário, calejado pelo tratamento brutal e pelo pensamento constante de que ele era um criminoso, foram muito ruins tanto para o prisioneiro, quanto para o guardião e para a sociedade. Mesmo um homem correto seria destruído por tal tratamento e, em um ano, transformado em um homem dissimulado, escuso e moralmente doente. Os homens que acabavam de sair da prisão não eram capazes de fazer nada, eles precisavam de supervisão e atenção constantes e, claro, não nos preocupávamos em contratá-los.

O ex-detento de hoje é um homem totalmente diferente do ex-detento que acabara de sair de seu uniforme listrado nos anos 1870, graças a esse homem tão difamado, Brockway[31], e alguns outros.

Às vezes é preciso reter os homens para o bem deles próprios e da sociedade, mas não devemos puni-los. A restrição já é punição

---

[31] Zebulon Reed Brockway (1827-1920) foi um penologista americano, considerado o "Pai da reforma da prisão" e "Pai da Liberdade Condicional Americana". (N.T.)

suficiente; acreditamos que os homens são punidos por seus pecados, e não pelo que são. Quando os homens são enviados para os reformatórios, a tentativa e a esperança é de devolver à sociedade um homem melhor do que ele era quando o levamos para lá.

O juiz Lindsey[32] encaminha os garotos para o reformatório sem um oficial ou guarda. Eles vão por iniciativa própria, carregando seus próprios papéis de compromisso. Eles batem no portão exigindo a admissão em nome da lei. O garoto acredita que o juiz Lindsey é seu amigo, e que o motivo pelo qual ele é encaminhado para o reformatório é porque ali, naquele momento, poderá ter uma vida melhor do que a sua liberdade total pode lhe oferecer. Quando ele pega seus papéis de compromisso, não está mais em guerra com a sociedade e os guardiões da lei, porque acredita que aquilo está sendo feito para o seu bem, e realmente não é uma prisão afinal, mas uma escola onde o rapaz aprende a economizar tempo e dinheiro e a tornar-se útil.

Outras pessoas trabalham para nós, e nós devemos trabalhar para elas. Esta é a lição suprema que o garoto aprende. Você só pode ajudar a si mesmo ajudando os outros.

Ora, aqui está uma questão: se um garoto ou um homem pega seus papéis de compromisso, vai para a prisão sozinho e sem vigilância, é necessário que ele seja trancafiado lá, confinado como em um curral e vigiado por guardas armados?

O superintendente Whittaker, da instituição em Jeffersonville, Indiana, diz: "Não". Ele acredita que dentro de dez anos nós acabaremos com os muros altos e manteremos nossas armas carregadas

---

[32] Benjamin Barr Lindsey (1869-1943) foi um jurista e reformador social americano. (N.T.)

fora de vista; e em até certo grau também tiraremos as grades das janelas das prisões, assim como tiramos das janelas dos hospitais para loucos.

No reformatório pode ser necessário ter uma guarita por alguns anos, mas o muro alto das prisões deve ser eliminado, assim como mandamos o sistema solitário, o sistema silencioso e o uniforme listrado da desgraça para a lixeira do tempo, perdidos na memória das coisas que se foram.

Quatro homens em cinco no reformatório em Jeffersonville não precisam de coerção, eles não fugiriam se as grades fossem retiradas e as portas destrancadas. Lá conheci um jovem que recusou a liberdade condicional oferecida, ele queria ficar até aprender seu ofício. E não era o único com uma atitude mental semelhante.

A qualidade dos homens na prisão regular é quase a mesma dos homens que estão no Exército dos Estados Unidos. O homem que se alista é um prisioneiro; para ele, fugir é uma ofensa muito séria e, no entanto, ele não é trancado à noite nem cercado por um muro alto.

A República George Junior é simplesmente uma fazenda, sem cercas e sem patrulhamento, exceto pelos garotos que estão ali, e ainda assim é uma instituição penal. A prisão do futuro não será diferente de um colégio interno para moças, onde ainda prevalece a prática de sair com as internas todas juntas, com guarda, e não permitir que ninguém saia sem autorização por escrito.

Conforme a sociedade muda, também muda o perfil do criminoso. Em qualquer caso, eu sei que não existe classe criminosa. Ou, nesta questão somos todos criminosos. "Tenho em mim a capacidade para todos os crimes", disse Emerson.

O homem ou a mulher que envereda para um mau caminho é vítima de um ambiente cruel. Booker Washington[33] diz que quando o negro tem algo que queremos, ou pode realizar uma tarefa que desejamos que seja feita, abrimos mão da linhagem da cor, e o problema racial então deixa de ser um problema. Assim é a questão do ex-detento. Quando o ex-detento for capaz de mostrar que ele é útil para o mundo, o mundo deixará de rejeitá-lo. Quando o superintendente Whittaker gradua um homem, é uma boa evidência de que o homem é capaz e está disposto a prestar um serviço à sociedade.

Os únicos lugares onde os ex-detentos são rejeitados são em chás da nobreza e grupos de oração. Um ex-detento deve trabalhar o dia todo e depois passar as noites na biblioteca, alimentando sua mente, então ele estará seguro.

Se eu fosse um ex-detento, lutaria contra todos os "Refúgios", "Abrigos de Proteção", "Sociedades Saint Andrew" e os filantrópicos "Assentamentos Universitários". Eu nunca procuraria aqueles bons profissionais que apadrinham os pobres e cospem no suposto infrator, e que traçam linhas acentuadas de demarcação para distinguir entre o "bom" e o "mau". Se você pode e está disposto a trabalhar, os empresários não o limitarão. Arrume um emprego e segure-o firme, tornando-se necessário. Empregadores de mão de obra e os próprios ex-detentos estão resolvendo rapidamente essa questão do Ex com a ajuda de um tipo avançado de Reformatório, onde os internos são ensinados a serem úteis e não são punidos nem apadrinhados, mas simplesmente lhes é dada uma chance. Meu coração se compadece pelo homem que dá uma chance ao pobre diabo. Eu mesmo sou um pobre diabo!

---

[33] Booker Taliaferro Washington (1856-1915) foi um educador e líder afro-americano ex--escravizado. (N.T.)

O sargento

Um coronel do exército dos Estados Unidos me disse outro dia algo assim: o oficial mais valioso, aquele que tem a maior responsabilidade, é o sargento. O verdadeiro sargento nasce, não é feito, ele é o presente precioso dos deuses. Ele é tão altamente valorizado que, quando encontrado, nunca é promovido, nem lhe é permitido renunciar. Se ele não estiver satisfeito com seu soldo, o capitão, o tenente e o coronel contribuem com suas despesas, eles não podem se dar ao luxo de perdê-lo. Ele é ave rara, a menina dos olhos deles.

Seu primeiro requisito é que ele seja capaz de vencer qualquer homem na companhia. Um soldado raso bêbado pode maldizer um capitão de todo o jeito, e o capitão não está autorizado a responder. Ele não pode desferir um soco, nem mesmo se envolver em uma discussão com xingamentos, mas o sargento capacitado é um adepto dessas duas práticas refinadas. Mesmo que um soldado raso ataque um oficial, este não tem permissão para contra-atacar.

Talvez o homem que o insulta possa facilmente vencê-lo em uma luta violenta, e então essa é uma razão suficiente para se manter afastado, com suas roupas limpas. Dizemos que o revólver iguala todos os homens, mas não é verdade. É desagradável atirar em um homem. Isso espalha miolos e sangue por toda a calçada, atrai a multidão, requer lidar com uma série de explicações depois e pode custar a um oficial suas insígnias. Nenhum bom oficial jamais ouve falar de si por um soldado raso.

O sargento ouve tudo e sua resposta ao ousado crítico é um soco direto no queixo. O sargento é responsável apenas perante seu capitão, e nenhum bom capitão jamais saberá nada sobre o que um sargento faz, e não acreditará quando lhe for dito. Se ocorrer uma luta entre dois soldados rasos, o sargento interfere, bate suas cabeças uma na outra e golpeia os dois. Se um homem finge estar doente ou está bêbado, o sargento o golpeia e o pressiona até extrair informações. Os regulamentos não determinam esse tipo de tratamento, mas o sargento não sabe nada sobre os regulamentos, ele faz o que quer. O sargento pode ter vinte anos ou sessenta, a idade não conta. O sargento é um pai para seus homens, ele considera a todos crianças, maus garotos, e seu trabalho é torná-los soldados corajosos, honrados e zelosos.

O sargento é sempre o primeiro homem a levantar pela manhã e o último a ir para a cama à noite. Ele sabe onde seus homens estão a cada minuto do dia ou da noite. Se estiverem realmente doentes, ele é ao mesmo tempo enfermeiro e médico e impõe gentilmente ao cirurgião o que deve ser feito. Ele é também o agente funerário, e são de sua responsabilidade cavar valas e instalar latrinas. Ao contrário dos oficiais superiores, ele não precisa se vestir de maneira "elegante", e é muito provável que se desfaça do uniforme e saia vestido como um carroceiro civil, exceto em ocasiões especiais, em que a necessidade exige alamares e botões.

Ele sabe tudo e não sabe nada. Nenhuma peripécia extravagante de um oficial superior passa por ele, se passasse ele não contaria.

Ora, pode-se supor que ele seja um tirano absoluto, mas um bom sargento é um tirano beneficente na hora certa. Destruir o ânimo da tropa não é bom, isso incapacitaria seus homens para o serviço. Portanto, ele procura simplesmente converter suas mentes, de modo a corresponderem à sua. Gradualmente, eles passam a amá-lo e a temê-lo. Na hora da luta real, ele transforma covardes em heróis. Ele ampara seus homens até estarem prontos para a briga. Na batalha, muitas vezes há certos oficiais marcados para morrer, eles são fuzilados por seus próprios homens. Então, esta é a hora de ajustar as contas, e no tumulto e na agitação não há testemunhas. O sargento está sempre à procura de tais motins, e seu revólver muitas vezes manda para o pó o líder revolucionário antes que o complô covarde possa ser executado. Em tempo de guerra, nenhuma execução é judicial.

Na verdade, o sargento é o único combatente real e seguro no exército. Ele é tão raro quanto dentes em pássaro, e cada oficial examina ansiosamente seus recrutas em busca de um bom sargento.

Na vida empresarial, o homem com instintos de sargento é ainda mais valioso do que no exército. O sargento dos negócios é o homem que não está em evidência, que não pede elogios ou recompensas, que sabe onde estão as coisas, que não tem ambições externas e nenhum outro desejo a não ser fazer seu trabalho. Se for muito inteligente, ele traçará planos e metas para sua própria promoção e, assim, ele está bastante seguro de que vencerá.

Como indivíduo, o soldado médio é sorrateiro, fugidio, um fracasso e um covarde. Ele só tem valor quando está na linha, e praticamente o mesmo acontece nos negócios. Parece difícil dizer, mas os empregados médios em fábricas ou lojas estão o tempo todo olhando para o relógio, pensando em seu pagamento, e sua intenção é manter a localização de seu chefe sob seu conhecimento para trabalhar o mínimo possível. Em muitos casos, a tirania do empregador é a culpada por esta condição, no entanto, mais frequentemente é o surgimento da suspeita inata que leva o vendedor a não dar mais do que pode.

E aqui entra a figura do sargento, com olhar atento e nervos incansáveis, mantém os covardes ocupados em suas tarefas. Se ele for muito severo, fixará mais firmemente naqueles que se esquivam da sagacidade; mas se ele for de fibra, poderá proporcionar um pouco mais de ânimo para aqueles que não têm e, gradualmente, criar uma atmosfera de perfeito empenho, sem punições, de modo que a única humilhação consistirá em tirarem o rosto do relógio e manterem uma orelha de pé para ouvir os passos do superior aproximando-se.

Não há o menor perigo de haver um excedente de sargentos. Deixe o sargento ficar longe de greves, conspirações, contendas, controlar seu temperamento e mostrar o que importa, e ele poderá definir o próprio salário e manter seu cargo por noventa e nove anos sem um contrato.

O espírito da Era

Quatrocentos e vinte e cinco anos antes do nascimento do Nazareno, Sócrates disse: "Os deuses estão no alto do Olimpo, mas você e eu estamos aqui". Por isso, e por algumas outras observações semelhantes, ele foi compelido a beber um substituto para o café, e morreu envenenado por cicuta. Ele era um infiel! Nos últimos trinta anos, as igrejas da cristandade têm, em geral, adotado a proposição socrática de que você e eu estamos aqui. Ou seja, fizemos progresso afastando-nos da teologia estreita e reconhecendo a humanidade. Não sabemos nada sobre o Olimpo ou Elysium, mas sabemos algo sobre Atenas.

Atenas está aqui! Atenas precisa de nós; os gregos estão à porta. Deixem os deuses comandarem o Elysium e nós mesmos nos devotaremos a Atenas. Este é o espírito prevalecente nas igrejas da América hoje. Nossa religião é humanitária, não teológica.

Uma evolução semelhante surgiu na medicina. A matéria médica de vinte e cinco anos atrás está hoje obsoleta. Nenhum bom médico agora trata de sintomas, não lhe dá algo para aliviar sua dor de cabeça nem para acalmar seu estômago. Estes são apenas sinais oportunos, avisos da natureza. Cuidado! O médico lhe diz isso e cobra uma taxa o suficiente para impressionar você com o fato de que ele não é tolo, mas você é.

O advogado que recebe os maiores honorários nunca é visto em um tribunal. O litígio agora está em grande parte entregue a ações de indenização, conduzidas por clientes que querem algo em troca de nada e pequenos advogados, do tipo famintos tubarões, que trabalham com tarifas de contingências. Três quartos do tempo de todos os tribunais superiores e supremas cortes são ocupados por um senhor Escória, que instaura uma ação contra o senhor Bactéria, com o senhor Caranguejo como testemunha principal, por danos não devidos, seja de justiça ou de fato.

Como nos livrar desse fardo imposto sobre nós por homens que nada têm a perder é uma questão muito séria para o legislador comum. Só pode ser resolvido com medidas heroicas, executadas por advogados que estão fora da política e têm uma completa indiferença por popularidade barata. Aqui está a oportunidade para homens de coragem e habilidade. Mas a questão é a seguinte: homens de negócios sábios se mantêm fora do tribunal, eles arbitram suas diferenças, comprometem-se, não podem se dar ao luxo de deixar o trabalho para acertar as contas. Quanto a ganhar dinheiro, eles conhecem uma maneira melhor.

Na teologia, estamos renunciando a distinções e devotando-nos ao espírito divino apenas na medida em que ele manifesta-se na humanidade. Estamos falando cada vez menos sobre outro

AMOR, VIDA E TRABALHO

mundo e prestando mais atenção neste que habitamos. Claro que ocasionalmente temos julgamentos por heresia, e fotos do ofensor e do Bispo adornam a primeira página, mas esses julgamentos por heresia não acompanhados por cadafalso ou varas de madeira são inócuos e excessivamente inofensivos.

Na medicina, temos mais fé em nós mesmos e menos fé nas receitas.

Na pedagogia, estamos ensinando cada vez mais pelo método natural – aprender fazendo – e cada vez menos por meio de injunção e preceito.

Na penologia, procuramos educar e reformar, não suprimir, reprimir e punir.

Quer dizer, os deuses estão no alto do Olimpo, deixe-os ficarem lá. Atenas está aqui.

O gramático

A melhor maneira de aprender a escrever é escrevendo.

Herbert Spencer[34] nunca estudou gramática antes de aprender a escrever. Ele fez sua gramática aos sessenta anos, o que é uma boa idade para começar este estudo muito interessante, pois quando você atinge essa idade, já perdeu em grande parte a capacidade de pecar.

Homens que sabem nadar muito bem não são aqueles que fizeram cursos de teoria da natação em centros de natação com professores da arte dos anfíbios, eles eram apenas meninos que pulavam no velho lago para nadar e voltavam para casa com as camisetas do avesso e os cabelos úmidos.

Escolas por correspondência para domar potro chucro não valem nada; e os tratados sobre a gentil arte de cortejar não são de utilidade. Siga o exemplo da Natureza.

---

[34] Herbert Spencer (1820-1903) foi um antropólogo, filósofo e biólogo inglês, representante do liberalismo clássico. (N.T.)

AMOR, VIDA E TRABALHO

A gramática é o apêndice vermiforme da ciência pedagógica: é tão inútil quanto a letra "h" do alfabeto, ou o proverbial duas caudas de um gato, o que nenhum gato jamais teve, e o melhor gato do mundo, o gato Manx, não tem cauda.

"O estilo literário da maioria dos universitários é regular, quando não é inteiramente ruim", escreveu Herbert Spencer em sua velhice. "Todos os ingleses instruídos escrevem da mesma forma", disse Taine. Quer dizer, homens instruídos, que foram treinados para escrever por certas regras fixas e imutáveis de retórica e gramática, produzirão composições semelhantes. Eles não têm estilo literário, pois estilo é individualidade e caráter – o estilo é o homem, e a gramática tende a obliterar a individualidade. Nenhum estudo é tão enfadonho para todos quanto a gramática, exceto para os pseudossábios professores que a ensinam. Permanece para sempre um gosto ruim na boca do homem criativo, e já afastou inúmeras mentes brilhantes do desejo de se expressar por meio da palavra escrita.

A gramática é a etiqueta das palavras, e o homem que não sabe como cumprimentar adequadamente sua avó na rua antes de consultar um livro, fica sempre tão perturbado com os tempos verbais, que suas fantasias se desvanecem e fogem, assim como suas palavras.

O gramático é aquele cujo pensamento é encadear as palavras de acordo com uma fórmula definida. O próprio conteúdo que ele deseja transmitir é de importância secundária. Oradores que mantêm seus pensamentos subordinados sobre a maneira adequada de gesticular não impressionam ninguém.

Se fosse um pecado contra a decência, ou uma tentativa de envenenar a mente do povo, o fato de uma pessoa não dominar as regras gramaticais, seria suficientemente sábio, então, contratar

ELBERT HUBBARD

homens para proteger o poço da língua inglesa da impureza. Mas uma língua estacionária é uma língua morta; somente a água em movimento é pura, e o poço que não é alimentado por nascentes certamente será um criadouro de doenças.

Deixe os homens se expressarem à sua maneira, e se eles se expressarem mal, veja bem, seu castigo será que ninguém lerá suas efusões literárias. O esquecimento com sua manta sufocante está à espera do escritor que nada tem a dizer e o diz impecavelmente.

Na preparação da sopa de lebre, sou informado pelas mais excelentes autoridades culinárias, o primeiro requisito é pegar a lebre. O ajudante de cozinha que tem algo a oferecer a um mundo faminto, sem dúvida encontrará seu jeito de preparar o fricassê.

A melhor religião

Uma religião apenas de gentileza seria uma religião muito boa, você não acha?

Mas uma religião de bondade e esforço útil é quase uma religião perfeita!

Costumávamos pensar que a crença de um homem a respeito de um dogma era o que garantiria seu lugar na eternidade. Isso porque acreditávamos que Deus era um velho cavalheiro rabugento, impiedoso, tolo, sensível e ditatorial. Um homem realmente bom não o amaldiçoaria mesmo que não gostasse dele, mas um homem mau o faria.

À medida que nossas ideias sobre Deus mudaram, nós também mudamos, e para melhor. Ou, conforme pensamos melhor sobre nós mesmos, pensamos melhor sobre Deus. É o caráter que garantirá nosso lugar em outro mundo, se este existir, assim como é o nosso caráter que alicerça o nosso lugar aqui.

ELBERT HUBBARD

Estamos tecendo caráter todos os dias, e a maneira de tecer o melhor caráter é sendo gentil e útil.

Pense certo, aja certo; o que pensamos e fazemos é o que nos torna melhores.